ディスガイズド・エンプロイメント

名ばかり個人事業主

脇田 滋 編著
Shigeru Wakita

ディスガイズ(disguise)＝隠蔽。偽装。

日本で「雇用類似」と呼ばれる働き方は、国際社会では Disguised Employment と呼ばれる。直訳すれば「偽装雇用」となるが、これは「雇用」と偽装するものではなく、逆に、本来は雇用と扱わなければならない働かせ方なのに、「個人請負(個人事業主)」だと偽装するという意味だ。すなわち「名ばかり個人事業主」「名目的自営業」である。

実際には会社や契約先の指示通りに働かせながら名目上「個人事業主」にすることで残業代未払いや団交拒否も合法化しようというのだが、国際社会はこうした欺瞞的なやり方による使用者の責任回避を許さない取り組みを進めている。

本書では、「雇用によらない働き方」の実態を紹介し、国際的視野に立った運動を提起する。

学習の友社

【目次】

第二部・「雇用によらない働き方」に国際基準で立ち向かう

脇田　滋　105

第一部・名ばかり個人事業主

事故と隣あわせの料理配達、補償は仲間の切実な要求

――アプリの指示で街中を走るウーバーイーツ

ウーバーイーツユニオン委員長　前葉《まえは》 富雄《とみお》

●オンコールワークの個人事業主

まず私たちの働き方について説明します。私たちは、ウーバーイーツと契約して、お店の料理をお客さんの家まで配達する仕事をしています。

私たち配達員は、ウーバーイーツとの雇用関係はなく業務委託契約になります。ウーバーは「デリバリーパートナー」と呼んでいます。仕事をするには、まずスマートフォンのアプリを開いて「出発」の表示を押します。それでオンライン状態になります。近くのお店に配達の注文が入るとアプリ上に「注文を受けますか？」と表示されます。画面にマップが出て、お店の場所が表示されます。それを見て、配達可能かどうかを返事します。配達を承諾すると、今度は配達先のお宅の住所が表示されます。そして料理をつくるお店まで受け取りに行き、それをお客さんの家まで配達するという仕組みです。

配達が入る時間帯は、朝八時から深夜の二時くらいまでですが、注文の回数・頻度はバラバラで、昼食時・夕食時は注文が多く、それ以外の時間帯は注文が入らないことが多く、また人口密集地とそうでない地域でも、差はあります。いつ仕事があるかは配達員には事前にはわからず、オンライン状態にしておいて、仕事があれば連絡が入るという形態です。

配達は、自転車またはバイクです。私たちは労働者と扱われないので、これらの経費は自分持ちです。自分の自転車やバイクを使う人は購入費、タイヤやブレーキの修理費用、ガソリン代などは自分で負担しますし、月額××円というレンタル自転車を借りる人も、費用は自分持ちです。

多くの配達員は「Uber Eats」というロゴの入った黒または緑色のバッグを背負っていますが、これは個人の判断に委ねられており使用の義務はありません。このバッグはデポジット式で、配達員になるときに四〇〇〇円の保証金を払ってレンタルし、辞めるときに返却すると返金されるしくみです。

●私たちの報酬のしくみ

私たちへの報酬の支払いは一週間単位です。料理代をカード決済で払うお客さんの場合は、毎週日曜日に締めて翌週の水曜日に振り込まれます。配達時にお客さんから現金で集金する場合もあります。その場合は、集金額から自分の配送料を引いて、ウーバーに納めます。たとえば一〇〇〇円の料理を、配達料が五〇〇円にあたる距離を配達した場合は、五〇〇円を納めます。基本はこの二パターンです。ウーバーは飲食店から料理の金額に応じて配送手数料をとりますが、配達員には、料理の金額で配達料金が変わるわけではないので、高額の料理を運ぶほどウーバーのもうけは大きくなります。一万円の料理の配送の場合、飲食店から四〇〇〇円ぐらいの手数料がウーバーに入り、配達員には五〇〇円払うといった感じです。もし数百円のコーヒー一杯だけを配達させた場合は、ウーバーは赤字になります。

●一方的に切り下げられた配達料金

昨年一一月に、この配達料金が一方的に切り下げられました。私たちの報酬は、飲食店からの受取料金が××円、お客への受渡料金が××円、走った距離に応じて××円という算定方式で、それぞれに金額が決まっています。長い距離を運ぶと、それだけ報酬は上がったのです。この走行距離の一キロ当たりの料金が約二〇％も一方的に切り下げられました。配達員にとっては不利益な変更ですが、ウーバーイーツは私たちを労働者と扱いませんから、事前の協議もなく「今後こうなりますから、よろしく」という一方的な決定でした。一応「説明会」はあり、私も聞きに行きましたが、配達料金を下げざるを得ない具体的な理由は「一切答えられない」といわれ、企業秘密とされました。

ウーバーイーツの配達員には、この仕事を専業でやっている人と兼業・副業でやっている人がいます。専業の人は、配達員の二割ぐらいではないかと思われます。この仕事だけを専業でやると、売上げは月に三〇～四〇万円ぐらいになりますが、これはあくまで「売上げ」です。そこから年金（国民年金）、健康保険（国民健康保険）、自転車やバイクの経費を引き、年度末に確定申告をします。

私も以前は専業でやっていましたが、配達中に足を怪我して配達できなくなったことがありました。一週間ほど自転車がこげず、その間は一切の収入が断たれます。ウーバーだけでは危ないと思い、いまでは他の仕事と兼業しています。ウーバー専業でずっとやろうという人もいますが、他のアルバイトと兼業するとか、就活期間中だけは専業で他社に採用されたら辞めるという人も多く、配達員の多くは流動的です。

●事実上失業と引き換えの「傷害見舞金」制度

事故のことに話を移しますが、私たちは個人事業主として扱われるので、配達中に事故を起こしてしまっても労災の扱いにはなりません。会社は配達中の事故の件数すら明らかにしていないのです。私たちがユニオンを結成した昨年一〇月に、会社は「傷害見舞金制度」を立ち上げました。そこでユニオンでは今年一月から「事故調査プロジェクト」を立ち上げ、実態調査をしています。ユニオンが現時点で問題だと考えているのは、以下のような点です。

▼対象が、「配達中」とされ、アプリで配達依頼を了承したときから、配達完了までの「On-Trip」とされる時間だけで、配達依頼を受けるために移動している時間や過労による傷病などが対象外にされること。

▼医療費用の上限が二五万円とされ、入院時の見舞金も三〇日が上限、死亡時も「一時金」だけで終わりにされ、亡くなった労働者の収入で生計を立てていた遺族への遺族年金がないなど、一般の労災保険制度に劣ること。

このように制度の不十分さへの不満もあるのですが、何よりも問題なのは、見舞金を申請すると、「会社に損害を与えた」ということで、今後仕事ができなくなってしまうと言われていることです。組合員ではない人ですが、会社に「見舞金」を申請したら、「アカウントが停止されて、今後仕事ができなくなりますよ」と言われて「申請は取り下げるのでアカウントは止めないでください」というやり取りをしたケースも報告されました。また事故を起こした時点でアカウントを「一時停止」されて、「いつ解除されるかわかりません」と言われた人もいました。アカウントを止められると「オンライン」状態にすることができないので、仕事ができません。それでこの「見舞金」制度を使った人はほとんどいません。ウーバー専業で働く人は二〇万円程度の見舞金をもらってその後働けなくなるよりは、自腹で治療したほうがよいとなるわけです。こうした現状もあるので、ユニオンでも事故調査プロジェクトを立ち上げました。

配達という事故と隣り合わせの仕事ですから、事故の補償という課題は、全組合員の切実な要求です。実情をさらに正確につかんで、世間にも発信していきたいと思います。

●事故を誘発しかねないインセンティブ制度

この事故に関してもうひとつ問題だと思われるのは、インセンティブ制度です。多くの配達回数をこなした人や、忙しい時間帯に配達する場合には、特別手当が出ます。配達員によって違いますが「三日間で××回配達してください」と言われ、達成できると特別手当がつきます。これで報酬の額が大きく変わる人もいます。ですから回数インセンティブをクリアするために長時間働く人も結構います。回数をこなすためには、一回の配達にかかる時間を短くしなければなりませんから、高速で走るなどの無理をしてしまいます。「三日間で二〇回配達」でインセンティブがつく人が、一九回まで配達したけれど残り時間はわずかという場合、どうしても無理をしてしまうことはおわかりいただけるでしょう。

同時に、配達員がそこまで無理をしても、一九回しか注文が入らないということも当然あります。「今日はかせぐぞ!」と一日中オンライン状態にしておいても、さっぱり仕事が入らないということもあるのです。ウーバーからの配送依頼は、お店の近くにいる配達員に連絡が入り、その人が断ると次の人に回るというしくみです。同じ地域に複数の配達員がいる場合、どの配達員に依頼するかはウーバー次第です。回数をこなしている配達員なのか、配達先からの評価が高い配達員なのか、そのような基準も一切明かされていません。

●団体交渉に応じないウーバーイーツ

このように、配達料の引き下げや見舞金制度のことなどで、私たちは会社との交渉を要求していますが、会社はいっさい団体交渉に応じません。情報開示にも応じません。ユニオンでこれまでに何度か要求書を出しましたが、「君たちは個人事業主だから、団体交渉に応じる必要はない」とすべて突っぱねられました。ユニオンの顧問弁護士からは、事業組織に組み込まれていて労働条件の一方的決定権があるので、明らかに労働組合法上の労働組合であり、会社の団交拒否は違法だと言われていますが、ウーバーが交渉のテーブルにつかないので、労働委員会に申し立てを行うべく、現在準備をしているところです。

●配達員への評価はどうなっているか

配達員は、お客さんと直接対応しますから、クレームをはじめ、トラブルに巻き込まれることがあります。「配達が遅い」というクレームをよく受けますが、飲食店の方で準備に時間がかかったことが原因で配達員の責任ではない場合もあります。またアプリがバグっていて（＝異常で）、配達先の正しい住所が表示されていなかったために配達先を間違えたときも、配達員が怒られます。そんなときでもウーバーは何もしてくれません。配達員には評価制度があり、お客さんが評価するのですが、配達員の責任ではないのに低い評価が下されても、そのままウーバーの配達員に対する評価になってしまいます。

こうした事故のことは、ウーバーに報告し、ウーバーは「改善します」と言うだけです。先ほどインセンティブのことを報告しましたが、こうしたアプリのバグのために配達に無駄な時間を要してしまい、結果として回数インセンティブが達成できない場合でも、不服を申し立てることはできないのです。

また、配達が乱暴で料理がぐちゃぐちゃになったというクレームを受けることもあります。確かに乱暴な配達員もいるのですが、これには飲食店側の問題もあります。丈夫な容器にきちんと梱包されて、少々の振動では崩れないような状態で配達員に渡してくれる店もありますが、そうでない飲食店もあります。本来ウーバーイーツは、自転車で配達するので、振動に耐えられるような梱包にするように飲食店に要請すべきだと思いますが、そのような取り組みはありません。配達員がかなり慎重な運転をしていても、こぼれてしまうような状態で商品を渡されることも少なくありません。この場合も配達員の評価になってしまいます。

●団体交渉は飲食店や利用者にとっても必要

私たち配達員のなかにはウーバーのような「ギグ・ワーク」と言われる働き方に魅力を感じている人もいます。ですから、私たちはウーバーに敵対したり、このような働き方を無くせと主張したりしているわけではありません。配達員の声、お客さんの声に耳を傾けてもらい、お客さんから喜ばれるいい仕事をするために、団体交渉を要求しているのです。

ウーバーは、「ウーバーと飲食店と配達員は、フラットな関係です」と言います。しかし、いままで説明してきたことからもわかるように、配達員が一番弱い立場です。ウーバーが私たち現場の声をまったく聞かないという姿勢では、飲食店やお客さんとの関係でもよくないことだと考えています。

「社員」が経費の赤字を会社に支払う給料日！

——丸八グループによる個人請負の実態

全労連・全国一般労働組合丸八真綿埼玉支部書記長
高橋《たかはし》 正規《まさき》

●体力や根性を確認するための研修

私たちの労働組合は、寝具販売でおなじみの丸八真綿（現在は丸八ホールディングス）の販売子会社「ハッチーニ丸八」の営業社員で組織されていて、現在、大宮支店と松本支店（今年二月に閉鎖）で働いて、組合員のほとんどが会社といわゆる業務委託契約（個人請負）を結ばされてきました。会社は全社員に二桁の社員コードを付け、業務委託契約の社員は「九三」なので「キューサン社員」と呼んでいます。

最初は、私たちはもちろん正社員として入社しました。求人募集は、固定給で昇給や退職金、交通費や福利厚生などがうたわれ、安心して入社を決断しました。ところが、いきなり驚かされたのが新人研修です。腹の底から大きな声を出すことが求められ、一日目で声がつぶれます。さらに、慣れない詰め込み教育と長距離のランニングによって一週間後にはヘトヘトの体で帰ってきます。

これは、体力や根性を確認するための研修だったことが後でわかるのですが、この研修で二割ほどの脱落者が出ます。何とか生き残って仕事を始めることになるのですが、さらに厳しい現実が待ち受けていました。そう、商品が売れない限り帰れないのです。朝は九時から夜七時頃まで毎日、毎日飛び込み訪問の日々が続きます。二人から七人くらいの単位で仕事をするのですが、責任者は午後の一時と五時に会社へ売上げ報告をします。一時の報告は、売上げが悪いとどなられるだけですが、夕方の報告で売上げが悪いと「六時に電話しろ、七時に電話しろ、帰ってくるな」と言われます。誰もいなくなった真っ暗な会社に帰ることも一度や二度のことではありません。

営業会社だから当たり前、営業会社だから仕方がないと思い込まされていて、生活のために仕事をしてきました。この様な職場ですから、一年間で社員の七~八割は会社を辞めていきます。

●「出勤しろ」という休日

なぜこのような働かせ方ができるのかといえば、それは給与体系に秘密があります。正社員の給料には約七万円の残業代が組み込まれ、それを理由に経営者は日々の残業と休日出勤を平気で命令できたのです。信じられないことですが、社員の出社や退社時刻を示すタイムカードなどの出退勤システムはなく、何時間残業したか、まったくわからないのです。

休日の日も同じで、私たちが会社からもらうカレンダーは月七~八日の休みがありますが、その休日の二~三日は△印が付いています。売上げが良い悪いではなく、この△印は「出勤しろ」という日なのです。もちろん、労働基準監督署に提出するカレンダーにはこの△印は付いていません。

さらに売上げが悪い車両メンバーや車両の責任者は、△印の付いていない日まで出勤させられます。子どもの学校行事に参加できず、家族サービスもできず、具合が悪くても病院にも行けない、当然、有給休暇など制度はあっても一日も取ることはできません。

●強制的に委託契約に変更

このような劣悪な労働環境のなかで、それでも我慢して会社に貢献して働いてきた私たちの売上げが落ちると、会社は次の手を繰り出してきます。一人また一人と社長に呼び出され、正社員として働いてきた私たちに「委託契約社員になって男を上げてみろ！」と迫ってくるのです。これを断ろうとすると、それなら地方転勤か退職しかないと脅されました。当時は「そんな道だけを示されて、自分の将来を勝手に決めるな」という声を上げることもできず、苦渋の決断で委託契約を結ばざるを得ませんでした。半ば強制的に委託契約を結ばされました。

しかし、会社側からは契約の内容の説明や正社員とどう働き方が変わるのかの説明はまったくありませんでした。そして、速やかに退職金の手続きをされ、契約書に実印を押すことや連帯保証人を入れることなどを指示されるだけでした。そして、その契約書を提出するのを待たずに「九三社員」としての業務が始まりました。

「九三社員」初日の朝を迎えます。正社員だった昨日までとまったく変わらず、朝八時前には出社し、本店である大宮支店では社長の朝礼が始まります。朝礼が終わると、車両ごとに打ち合わせミーティングが行われ、正社員も「九三社員」も関係なく会社が決めたメンバーで仕事に向かいます。夕方五時まで訪問活動をするように指示され、会社に帰るのは六時頃で、売上げが良ければほめられるのですが、売上げが悪いと「何やってるんだ、会社をつぶす気か！」「不満があるなら明日から来なくていいぞ！」「いつ辞めてもらってもかまわないぞ！」「こんな仕事、うちの子どもだってできるぞ！」「八階の窓から飛び降りちゃえば？」と強烈なパワハラの雨あられです。

そうです。今ならわかるのですが、正社員だった昨日までとまったく同じ対応、同じ働き方、パワハラを受けていたのです。本来ならば「九三社員」としての自由な裁量で仕事に取り組むことになるのが普通なのでしょうが、自由な裁量などまったく許されず、正社員そのものの働き方が続いたのです。変わったのは「雇用契約」が「業務委託契約」になった契約方法だけなのです。

●会社は損をしない

このように「雇用契約」から「業務委託契約」に切り替えられましたが、自由な裁量などまったくなく、正社員と働き方はまったく変わりませんでした。しかし、会社は金銭的に多くのメリットを得ることになったのです。それは、私たち丸八真綿で働く「九三社員」にとってはデメリットでしかありませんでした。会社が出費しなくてよくなったのは、経費である車のリース代、ガソリン代、事務所経費、交通費や健康保険、厚生年金、労働保険（労災保険と雇用保険）、退職金の経費などです。

会社にとって人的経費の負担がなくなるということは、私たちの社会保険料を支払わず、現在はもちろん、将来の私たちの生活を会社が保障しないということを意味します。私たちに将来支給されるはずの年金は大幅に減るでしょう。老後の不安は絶えません。働けど働けど収入は安定せず、赤字になるような収入状況が続く現状では、定年をもうすぐ迎える人も老後のたくわえがまったくできていない状況です。

営業経費のすべては私たちの給料（手数料から経費を差し引いたもの）から差し引かれるので、会社は一切の負担をしなくて済みます。さらに労働基準法にしばられないということで、会社は残業や休日出勤はさせ放題、当然有給休暇などないので、無駄な出費をする必要はありません。このように、数え上げたらきりのない会社側のメリットが、そのまま私たちのデメリットとなり重くのしかかっているのです。

●会社に現金を払う「給料日」

何も知らずに、何も考えずにただ会社の言う通りに働いてきた私たちですが、丸八真綿の社員として会社の発展に寄与してきたという自負もあります。しかし、あまりにひどいパワハラと労働条件に次第に疑問を持ち始めました。

そのようななか、売上げの悪い「九三社員」が赤字を出しはじめたのです。赤字の給料とは、手数料より会社に払う経費の方が多くなる場合です。赤字が出れば会社から支給される給料はまったくないどころか、給与明細にはマイナスの支給額が書き込まれます。すなわち「九三社員」が会社に借金をすることとなります。会社は、最初の頃は〝生活の足しに〟ということで前借りを認めていましたが、本社の指示ということで前借りもできなくなりました。収入もなく、国民年金や健康保険を納められない人、離婚など家庭崩壊、自分の家を失う人、自殺者まで出ました。さらに、給与明細が赤字の「九三社員」に対して、社長は「○○さん、一〇日の給料は××万円の赤字だから、一〇日に現金持ってきてね！」と笑いながら言うのです。一か月、毎日会社に来て、毎日お客様宅を訪問してがんばった社員に向けて言ってよい言葉でしょうか。

●たたかうことを決意

何人かの仲間で、「この環境を変えなくては、私たちはいつまでたっても会社の奴隷のままだ」「一人では無理でも、みんなで力を合わせて会社に意見を言おう！」ということで私たちは埼労連と全労連・全国一般に相談し、約二〇名の仲間で二〇一六年八月に労働組合を結成、その九月に会社に結成通知をしました。そして、これまで一七回の団体交渉や会社へ要請行動を行ってきました。

私たちの所属する全労連・全国一般埼玉地本やさいたま地区労の活動を通して、「労働者性」や「偽装請負」という言葉を知りました。今まで自分たちは、業務委託契約について会社から何の説明もなく、労基署に相談して初めて「個人請負」であることを知らされたのです。そして、労働組合を結成して業務委託契約労働者が、労働基準法などが適用されない無権利な立場であることを知りました。私たちは正社員の頃から業務委託契約を結んだ後も現在にいたるまで、会社の指揮命令のもと、一貫して同じ働き方をしてきました。私たちはハッチー二九八にとって、労働者そのものだったのです。

会社は、日常的なパワハラや退職をちらつかせるなど拒否できないように私たちを追い込み、契約形態を雇用契約から業務委託に切り替え、経費負担を「九三社員」に押しつけ、さらに私たちをこれまで同様に労働者として働かせ続けた会社のやり口を許すわけにはいきません。一七回におよぶ団体交渉の要求は、「正社員に戻して欲しい」「九三社員として積み立てさせられた保証金（一人七〇〜一〇〇万円）を返してほしい」「労働者であれば払う必要の無い経費を返還してほしい」と主張してきました。

●私たちを「代理店」にし団交も拒否！

しかし会社は、業務委託契約を結んだ私たちが労働者ではなく自営業者だということを一貫して主張しています。組合結成通告の直後に、これまでのハッチー二丸八の元社長と前社長の二人は突然、「一身上の都合」ということで姿を消し、現在は丸八ホールディングスの法務グループ長が私たちの会社の社長（兼任）となり、新社長は私たちを「代理店」と呼ぶようになりました。

この新社長のもと、この三年間会社が私たちに対して行ってきたことは、「九三社員」をいかに労働者ではなく自営業者に近づけるかという取り組みです。

たとえば「出勤時間は自由でいいですよ」「朝のミーティングはやりません」「カレンダーは配りますが、この休日はあくまでも事務員の休日であって、みなさんは自由に出勤してくださいね」「営業車は社有車ではなく自分の車を持ち込んでいいですよ」など、偽装請負の火消しに躍起になってきました。もちろん私たちから、自営業者としての働き方を求めたわけではありません。会社の対応は、裏返して見れば私たち「九三社員」を、業務委託契約を結ばせながら労働者として働かせてきた偽装請負の事実を認めているからこそ、これまでの働かせ方を変更しようとしているのです。私たちは今まで通り労働者として働きたいと思っていますし、会社側は自営業者として位置づけたいことから、一七回の団体交渉もほぼ平行線です。

この事件を解決するため、実質的な支配をする親会社・丸八ホールディングスに対し、再三、団体交渉の申し入れをしてきましたが、別会社を理由にすべて団交拒否しています。当のハッチーニ丸八も団体交渉の席で「正社員にはできない。労働者性は判断で争えばいい」など、まったく歩み寄りの姿勢をみせません。

そこで二〇一九年六月二五日に埼玉県労働委員会に丸八ホールディングスの団体交渉拒否救済申し立てを行い、そして経費の返還を求めて、さいたま地方裁判所に不当利得返還請求の裁判を起こしています。みなさんのご支援をよろしくお願いします。

税金が投入されている大企業の社会的責任を問う

——電気計器工事作業員のたたかい

全労連・全国一般東京地方本部中央執行委員長　森《もり》 治美《はるみ》

●はじめに

新型コロナウイルスパンデミックによって、最低賃金や医療・教育・社会保障といった私たちの暮らしの最低限保障の確立がどんなに不可欠であるかが明らかになるとともに、労働者としての権利をはく奪されている請負契約労働者をはじめ非正規労働者がいかに不安定な存在であるかが、潮が引くように私たちの目の前に現れています。

東京電力グループ企業と個人請負契約を交わして二〇年以上働いてきた労働者が、二〇一八年一二月労働組合に加盟しました。ところが、会社はいまだに団体交渉に応じていません。請負契約という名で働く労働者の実態を報告するとともに、「会社と対等に話し合いたい」という当たり前の要求を拒否し続ける大企業・東京電力の責任を問い、正規・非正規ともに取り組むべき課題を提起したいと思います。

●東京電力グループで働く請負労働者の働き方

電力会社が各家庭や事業所に電気料金を請求するために必要不可欠な電気メーター（計器）は、定期的に取り替え工事を行っています。東京電力㈱の場合、自身は純粋持ち株会社となり、こうした事業を配下の子会社に発注し、子会社はさらに孫請け会社に業務を委託しています。その業務を請け負っている会社の一つが、ワットラインサービス㈱（以下会社という）などです（図①）。

会社と請負契約を結んでいる労働者の働き方は、雇用労働者そのものです。①各自の工事数は会社が決め、月間九二％～一〇〇％の厳しいノルマが課されています。②請負の報酬金は工事単価表によって決定され、毎月二五日に支払われます。③割り当て工事を断ることはできず、自由裁量の余地はありません。④作業は会社の就業時間八時～一七時内に行い、早朝・深夜・休日作業は原則禁止、時間外に作業する場合は会社の許可が必要で、自由に時間を使うことはできません。⑤毎日の作業予定を会社のホワイトボードに記載するか、予定表を提出し、管理されています。⑥工事に不可欠な特殊かつ高価な器具は会社の所有物で、これを使用することが義務づけられています。⑦毎日工事所に通って機材を車両に積み込み、終了後は工事所に戻って日報を提出します。⑧工事所への配属は会社が決定し、しばしば配転も行われます。⑨外見上も作業者は東京電力から支給された作業服を身につけ、胸に東京電力マークの入った作業員証を付けることが義務づけられています。

このように会社の指示命令系統に従って雇用労働者と何ら変わらぬ働き方をしている一方で、労働者であれば当然会社が支給する作業用の自動車は自前、ガソリン代や駐車料金といった経費は自己負担、労災保険・健康保険料・年金も自己負担のため、手取り収入は契約金額の七〇％程度にし

図①東京電力グループの取引関係（聞き取りにより組合で作成。2018年4月時）

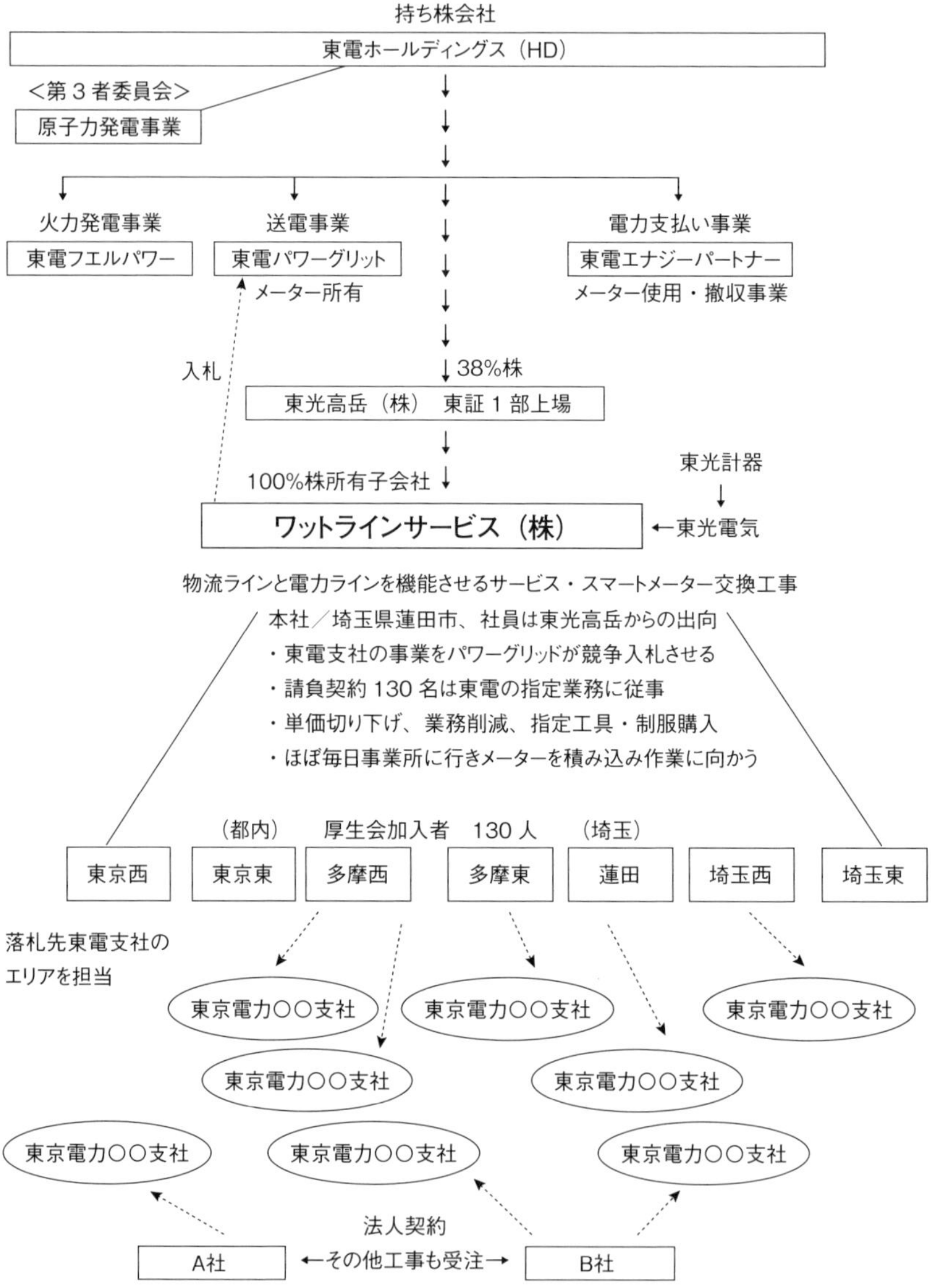

持ち株会社
東電ホールディングス（HD）
＜第３者委員会＞
原子力発電事業
火力発電事業
東電フエルパワー
送電事業
東電パワーグリット
メーター所有
電力支払い事業
東電エナジーパートナー
メーター使用・撤収事業
入札
38%株
東光高岳（株） 東証１部上場
100%株所有子会社
東光計器
ワットラインサービス（株）
←東光電気
物流ラインと電力ラインを機能させるサービス・スマートメーター交換工事
本社／埼玉県蓮田市、社員は東光高岳からの出向
・東電支社の事業をパワーグリッドが競争入札させる
・請負契約 130 名は東電の指定業務に従事
・単価切り下げ、業務削減、指定工具・制服購入
・ほぼ毎日事業所に行きメーターを積み込み作業に向かう
（都内） 厚生会加入者 130 人 （埼玉）
東京西
東京東
多摩西
多摩東
蓮田
埼玉西
埼玉東
落札先東電支社のエリアを担当
東京電力○○支社
東京電力○○支社
東京電力○○支社
東京電力○○支社
東京電力○○支社
東京電力○○支社
東京電力○○支社
東京電力○○支社
法人契約
A社
←その他工事も受注→
B社

かなりません。「請負」契約の形をとっているだけで、労働者としての保護からはずされ、自己責任と、負担を押し付けられているのが請負契約で働く労働者の実態です。

●確定されている団交権をあえて無視する暴挙

二〇一六年、東京電力は「二〇二〇年までにスマートメーターへの取り換え工事を完了する」という方針を発表したため（図②）、将来に不安を感じた労働者は仕事の保障などについての話し合いを求めて組合に加盟し、二〇一八年一二月七日、団交を申し入れましたが会社は「組合員はだれも当社が労働契約を締結している従業員ではない」などといって団体交渉を拒否しました。

しかし、すでに委託契約者などの労働組合法上の労働者性は、新国立劇場事件最高裁判決、ＩＮＡＸメンテナンス事件最高裁判決、ビクターサービスエンジニアリング事件最高裁判決の最高裁三判決によって確定しており、団交権については異論をはさむ余地のないものです。会社は違法性を知りながらあえて団交に応じなかったと言えます。やむなく組合は東京都労働委員会に不当労働行為の救済を申し立てました。

あわせて、それまで注意もせず罰則の対象にもならなかっ

図②東京電力パワーグリット社ホームページより引用

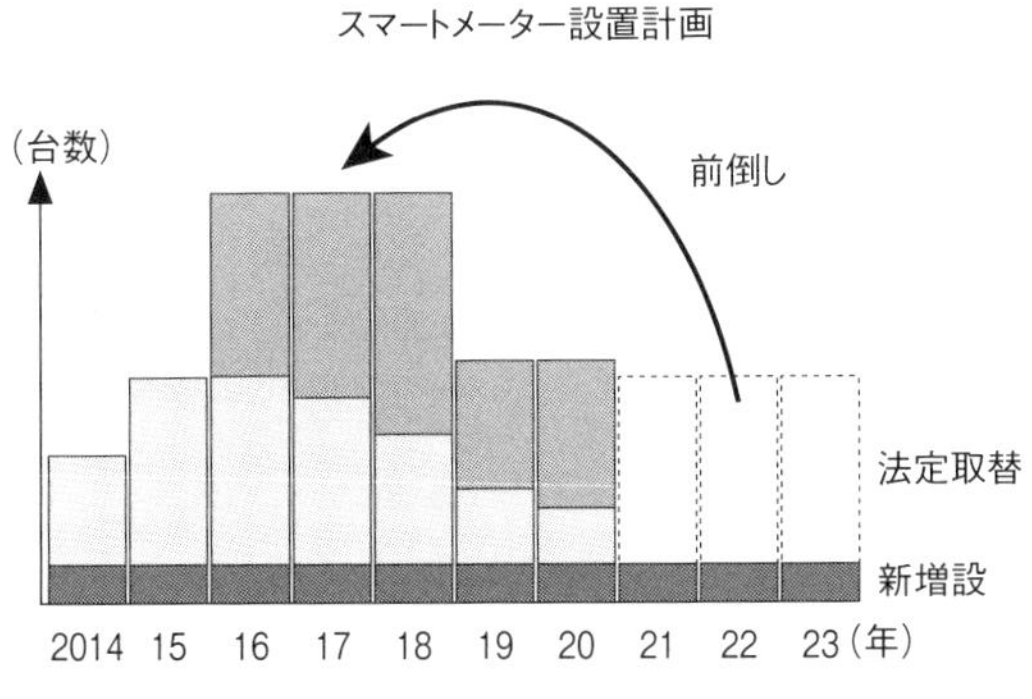

た作業手順に対して、突然、遡《さかのぼ》って罰則を適用する規定を強行したため、約一〇％にのぼる労働者が罰則点オーバーとして雇用継続を拒否される事態となりました。しかし、このことは、反面では〝罰則を犯さない限り契約打ち切りはできない〟ことの証しとなっており、強い労働者性を表わしているものと言えます。

会社はこの件に関しても話し合いでの解決を拒否したため、東京地裁で地位確認裁判が争われています。

●「団交義務あり」と明快に断じた東京都労働委員会

二〇二〇年三月四日、東京都労働委員会は、会社に対して「組合の団体交渉申入れに応ずること」「団交に必要な資料を提示すること」「今後、不当労働行為を繰り返さないとの誓約文を各工事所内に掲示すること」などの完全勝利命令を下しました。契約の形式にとらわれずに、働き方の実態に着目し、事実をもって会社の組合否認、団体交渉拒否、支配介入の不当労働行為を断罪している点で、大きな意味を持つ命令となっています。

命令文では具体的に「計器工事作業者は、会社の計器工事の遂行に不可欠な労働力として、会社組織に組み入れられている」「契約内容の主要な部分は、会社が一方的、定型的に決定している」「計器工事作業者は、広い意味で会社の指揮監督の下に労務の提供を行っている」「計器工事作業者は、労務の提供に当たり、一定の時間的場所的拘束を受けている」「計器工事作業者は、事業者性が顕著であるとはいえない」などと事実認定した上で、計器工事作業者の労働組合法上の労働者性を認め、ワットライン社の団体交渉拒否を違法とし、さらには、「本件においては計器工事作業者が労組法上の労働者にあたることが明らかであることも考慮すると、会社が組合の団体交渉申入れに応じなかったことは、組合の存在を否認し、組合の弱体化を企図した支配介入にも当たる」と判断しており、今後の請負労働者のたたかいを激励する内容となっています。

会社は、中労委に不服申し立てを行いましたが、都労委初審命令履行義務を逃れられるものではありません。初審命令を直ちに履行させるべく、世論で包囲する必要があります。

●「明日から社長になって対等に契約しよう」!?

安倍政権は、二〇一八年六月に成立を強行した「働き方改革」一括法のなかで、雇用対策法を労働施策総合推進法へ改定し、「国の施策」を「多様な就業形態の普及」などへ変更しました。さらに二〇二〇年三月、雇用継続措置として高齢者を業務委託契約に変更することを推奨する法案が成立したため、本件のように請負労働者の権利の否定が通用するかのように考える企業がはびこることになります。本件のような暴挙がまかり通れば、請負労働者は雇用責任を回避できる便利な存在となってしまいます。請負という契約書の形式だけを論拠に、「雇用」でないとして団交を拒否されてしまえば、請負労働者は、団結する権利をも奪われてしまいます。

請負労働者を拡大させる政策をとるのであれば、その保護についての判例を盛り込んだ法整備が不可欠であり、「雇用でない働き方」で働く人びとに、労働法の保護を及ぼすことに力を注ぐべきです。最近の労働相談のなかには、「君、明日から社長になって会社どうしで対等に契約しよう」

と言われた、という事例も少なくありません。未組織労働者は次つぎに身分変更されることは目に見えていますし、雇用責任、特に団交応諾義務から逃れられるとなれば、やがて組織労働者の権利縮小にも影響するでしょう。

いまこそ、労働三権を勝ち取っている組織労働者が、自分自身の問題として請負契約で働く仲間の要求実現のために、組織化を含めて手をつなぐことが求められています。

●新型コロナウイルスパンデミックに際し生活補償に背を向ける東京電力——国と企業で生活の最低限保障を

会社は、現在、組合員の年間の工事件数と年収を最大七六・二％削減する大規模な組合攻撃に乗り出しています。手取り約四〇〇万円が約一一三万円にまで削減された作業者は、月に換算すると一〇万円足らずとなりました。契約の不利益変更で組合員を兵糧《ひょうろう》攻めにして組合組織の壊滅を狙った不当労働行為そのものです。ある意味解雇より残酷なやり方です。長い人では二〇〜三〇年もの間働き続けてきた技術を持つ労働者に対して、このような理不尽な扱いを許すわけにはいかないと再び東京都労働委員会に救済を申し立てました。

さらに、新型コロナウイルスパンデミックによって外国からの部品調達が絶たれ、三月から四月にかけて工事作業がほとんどない状態に陥っています。多くの作業者の収入はゼロに近くなっており、目前に生きる権利が奪われる状態です。世界的な人類全体の危機であり未曽有の事態に際し、国民生活の最低限保障制度（ナショナル・ミニマム）制度のない日本では、最低賃金は生活できる水準に遠く及ばず、医療・教育、生活保護や年金制度の脆弱さが露呈されています。こうした日本の状況下で、大企業・東京電力およびグループ企業は、休業補償せよとの労働者の要求に対して回答すら拒否しており、社会的責任を果たそうという姿勢がまったく見られません。東京電力は、グループ企業の作業者も含めて電力事業に携わる労働者の生活を守るために、率先して全額休業補償を行い、社会不安の増大を抑制するべきです。全額休業補償している中小企業経営者も数多くいる一方で、税金が投入されている企業としても問題であり政府は指導すべきと考えます。

私たちは、東京電力に対して、グループ企業に都労委命令をただちに履行させ、不当労働行為を二度と繰り返さないことを誓約し、一切の組合攻撃をただちにやめるよう指導することを求めています。電力供給という高度に社会的な事業を担う存在でありながら、労働法を踏みにじって憚《はばか》らない姿勢は、社会の健全な発展にとって有害な影響を与えます。大企業が率先して「雇用によらない労働者」に対して確立している権利すらないがしろにすれば、社会に悪い手本を指し示すこととなり、被害を拡大することにつながるからです。

同時に、国に対しても五一%の株式を所有している東京電力に対して、労働法違反を繰り返し、納税者でもある労働者・国民を不当に苦しめる政策を直ちにやめるよう求めて、電力使用者である多くの労働者・国民との共同のたたかいを展開する方針です。

使い切った電池を入れ替えるような労務政策

――「雇用によらないホテル副支配人」を体験して

スーパーホテル店舗副支配人　渡邉《わたなべ》 亜佐美《あさみ》

●突然仕事と住まいを失った私たち

私たちは全国展開する「スーパーホテル」のＪＲ上野入谷口店（東京都台東区）の支配人・副支配人として、二〇一八年九月から働いてきました。支配人・副支配人ともにホテル内の居住スペースに住み込みながらの仕事です。私たちは、何か月ものあいだ客室稼働率一〇〇％を達成するなどの好成績をあげてきました。二〇二〇年三月、新型コロナ感染拡大防止のために国や東京都が外出自粛を要請したことで、ホテルの利用客はどこも激減しましたが、その稼働率減少が、私たち支配人らの責任だとして、スーパーホテルは本社から従業員五人を送り込み、私たちは着の身着のまま追い出され、仕事と住まいの両方を失いました。

いまは、下町の安価な別のホテルを転々としながら、首都圏青年ユニオンの組合員として、スーパーホテルの労働基準法違反を労働基準監督署に申告し、そして私に加えられた暴行に対しては刑事告訴して、たたかっています。

●私たちの契約方法

スーパーホテルは、チェーン店方式で全国展開するホテルで、二〇一九年時点で一三六店舗を擁しています。そのうち私たちの調査では直営店が八店、委託店が一二八店です。委託店とスーパーホテルとの間は業務委託契約で、契約は必ず男女ペアの二人で結ぶことになっています（夫婦でなくてもよい）。私たちは、二〇一八年四月に面接、六〜九月に研修を受け、二〇一八年九月から一年間の契約を締結、一九年九月にさらに一年間の契約更新をしていました。

業務内容は、フロント業務、予約対応、売上金管理、朝食の準備・片付け、客室点検、鍵の管理、駐車場管理、自販機管理、宅配便の取り扱いなどホテルの仕事全般です。これらは一四〇〇ページもある「マニュアル」に細かく定められ、その通りに行わなければなりません。

報酬は、賃金ではなく「業務委託料」という名前で支払われます。初年度は二人合計で約一〇八〇万円（スーパーホテル側が示した内訳では、委託料が七一五万円、アルバイト補助金三七〇万円）で、二年目から約一二〇〇万円になります。ほかに若干の宅配便手数料や報奨金があります。実際にアルバイトを雇った場合には補助金だけでは足りず持ち出しになります。こうした費用を差し引いた、私たちの毎月の収入は月づき二八万円ぐらいです。そこから国民年金や国民健康保険、住民税などを払います。雇用保険には入れません。

労働時間は、支配人が一三時〜翌朝五時三〇分（一六・五時間）、副支配人が五時三〇分〜二一時

（一五・五時間）です。仮眠時間はありますが、居住スペースに防犯カメラの映像や連絡用の電話機が設置されています。ですから、二四時間・三六五日のすべてが労働時間です。先ほどの「月づき二八万円」というのは、この労働時間に対する報酬です。「労働者」と扱われないので、残業手当も労働時間の上限規制もないのです。私たちが試算したところ、単純時給換算四六〇円（税込みの銀行振込実績額）でした。東京都の法定最低賃金の約二分の一にも届きません。

●直営店ではできない儲けのシステム

私たちが「労働者」として扱われ、深夜や休日の法定割増率に即した賃金が支払われた場合には、契約開始から今日までの一年半で、支配人は一五八六万円、副支配人は一四八六万円の未払い分が生じる計算になります。こうした契約方法をとることで、スーパーホテルが全体でどれぐらい儲けているのかを試算してみました。

直営店では、従業員は労働基準法に合わせて「四名三交代シフト」が組まれています。一日八時間拘束、日勤、準夜勤、夜勤の組み合わせで二四時間切れ目なくつなぐ方法です。店舗規模によってアルバイトが入るなどの違いはありますが、私たちの試算では直営店の人件費は一店舗あたり約三〇八五万円（年間）です。それに対して業務委託店の委託料（私たちの場合）は平均で一一四八万円です。年間で一九三七万円もの費用節約になります。委託店は全国で一二八店ですから、全店を直営で運営するより年間二四億八〇〇〇万円近い経費が節約できるのです。

●短期間で入れ替わる業務委託者

私たちの健康不安も増しました。休日なしの長時間労働で、突然動悸《どうき》がしたり、胸が痛んだりします。支配人の体温も以前は三五・八度でしたが、いまは三七度になりました。ストレスや過労がたまると、免疫力を高めるために体温が上がるのだそうです。支配人は耳鳴り、頭痛が三か月続き、一月二一日には救急車で病院に運ばれました。しかし、数時間後には仕事に復帰せざるを得ませんでした。副支配人の私もストレスで体重が一五キロ増えて体温が三七度に上がりました。このような働き方ですから、一～二年でつぶれる人が続出します。まず女性が倒れ、その分のカバーに入ってさらに過労になった男性が倒れます。すると「支援」と称して本社から社員がやってきて、いつの間にか新しくリクルートしていた委託者に入れ替わるといったスタイルです。まさに使い切った電池を新品に入れ替えるような感じです。

実は毎年「支配人総会」と「副支配人総会」というのがあり、全国の店舗の支配人・副支配人がそれぞれの会議に出席します（こういう会議に参加が業務委託契約で義務づけられることも個人事業主ならありえないことです）。その際に「新人あいさつ」という恒例行事があり、新しい支配人が「一分間スピーチ」をするのですが、参加者の七割ぐらいがあいさつに立ち、壇上から長蛇の列をなします。座っている人はポツリポツリといった光景です。少なく見積もっても、毎年六割ぐらいが入れ替わっていることを表しています。

●何の裁量もない支配人・副支配人

私たちは明らかにホテルの指示通りに働く労働者です。勤務地のＪＲ上野入谷口店も、研修後に本社から指定された店舗ですし、清掃もスーパーホテルクリーンというスーパーホテルの子会社が担当します。内装事業者の選定も本社で、私たちの裁量で選べません。本社による長期間の研修も受けたうえで、一四〇〇ページにおよぶマニュアル通りの仕事が要求され、業務チェック表も指定されます。

二四時間・三六五日、居住スペースも含めた時間的・場所的拘束は強く、後でのべる代行要員の派遣も本社からであり、店舗内の什器・備品、文房具も会社のものです。食材の納入業者なども本社が決めます。近所の食材業者から仕入れて地域経済に貢献しようとしても、そのことがスーパーホテルにとってどれだけメリットがあるかを説明しながらお伺いを立てて、許可されなければなりません。制服、役職名付きの名札も、直営店と同じホテル指定のものが義務付けられており、髪型や身だしなみもチェックされます。事業者として自由な裁量は何ひとつないと言えます。あとでも触れますが、支配人たちの営業努力で、稼働率を上げても、それに見合った報酬はありません。定額の委託料が払われるだけです（厳密にいうと「利益の前年比一〇〇％以上」という目標が達成できないと「グレード」が格下げとなり、報奨金が減額されます）。

他方で、ホテル内の事故については、ケースバイケースですが、支配人に責任がかぶさってくることがあります。お客さんの寝たばこで起きた火災や、客同士のけんかで怪我人が出た場合などは支配員の注意責任にされることがあります。実際に清掃会社の社員が空のペットボトルにたばこを捨てた事件がありました。このときは証拠写真があったので大丈夫でしたが、清掃会社の非が証明できなければ、防火管理者の支配人の責任になります。

こうした労働条件の改善のために、私たちは労働組合に加入し、団体交渉を申し入れましたが、会社は「協議」として応じただけで、団体交渉とは認めませんでした。そしてはじめに述べたように、突然本社から副社長を含む五名が入ってきて、私に暴行し追い出したのです。暴行の一部始終は防犯カメラに記録されており、私たちは上野警察署に告訴状を提出しました。

●出産や子どもの数までも委託契約にしばられる

契約では男女二人一組になることは初めに述べましたが、女性には妊娠・出産が事実上禁じられます。女性が妊娠した場合、業務委託契約にもとづき報告し、本社から代行要員が派遣されます。一日三万円（＋消費税）と大阪本社からの交通費が委託料から引かれます。一か月で一〇〇万円以上になります。委託契約書にそのように規定されているのですが、これは「脅し条文」のようで、契約期間中は出産するなと言っているに等しいものです。他店舗の女性で、中絶可能な時期に妊娠が本社に知られてしまい、中絶を示唆された人もいたと聞いています。子どもも一人までで、もし双子が生まれたら直ちに契約解除です。これには弁護士も「公序良俗に反する契約だ」と驚いていました。

私たちも契約にあたって判を押しているのですが、スーパーホテルのやり方は、研修に参加する時点で契約書を見せずに「確認書」に判を押させます。そして研修が終わってから「契約書」が渡されるのですが、長期の研修で疲れ切ったところに膨大な契約書を読む気力はありません。それどころか、どこの店舗に配属されるかわかりませんし、研修は本社指定のホテルに泊まりこんで外泊禁止という環境で行われます。多くの人が研修の終わるころには自宅を手放したり、賃貸を解除したりしています。いわば「退路を断って」研修にのぞみます。ですから、契約書に不満があっても契約しないわけにはいかないのです。

●清掃業者の不備も支配人たちの犠牲で乗り切らせる

ホテルに入っている業者との関係についても、法律上おかしなことになっています。清掃やリネン関係の業者を選定し、委託費用を払うのは本社です。しかし、業務委託契約には彼らに対する指揮・監督権が私たちにはあることになっています。清掃会社の従業員の遅刻を管理し、清掃の不備に対するお客さんからのクレームにたいしては、私たちが対応しなければなりません。本社が契約して派遣されてきた清掃会社従業員を「業務委託」先が指揮・監督するなど、派遣法ではありえないことです。

そして、この清掃会社の清掃について一五〇日間に九〇件以上のクレームがありました。私たちが本社を通じて改善を要求すると、清掃会社は、撤退すると本社に泣きついたそうです。本社は「清掃会社が撤退したら〝喧嘩両成敗《りょうせいばい》〟で業務委託契約を延長しない。だから、そうならないように販売自粛して清掃会社の仕事量を減らせ」と私たちに迫りました。これによりますます清掃会社の業務レベルは落ち込みました。とくに人員不足が顕著で、毎日の清掃予定客室数を制限時間内に終わらせることができなくなりました。お客様を案内した客室が、なんと清掃忘れの部屋であったとお叱りを受けることが頻繁となりました。このような清掃関連のクレームが昼夜を問わず発生するようになり、私たちの睡眠時間は、二時間程度しかないことが常態化するようになりました。

●セーフティネットに守られないのが「雇用によらない働き方」

私たちは仕事も住まいも失いました。貯蓄もほとんどなく、雇用保険もありませんから、次に向かってゆくための補償がありません。判を押しただけで一五〇万円の負債を背負わされ、中途解約は全額没収となるので返金されず、他方で勤務先のホテルから追い出された以上、返済の見込みがないので事業者融資も受けられません。住み込みだったので、住民票が台東区にあっても居住の実態がないので、生活保護も受けられません。「雇用によらない働き方」は、労働者としても、事業者としても、区民としても、三つのセーフティネットの網の目から完全にこぼれ落ちてしまうのです。私たちは、大企業を動かす原動力にすぎません。私たちはエネルギーが切れたら取り換えられる、ただの乾電池なのです。

不自由だけどフリーランス？

――場所にも時間にも外見にも拘束される俳優

協同組合・日本俳優連合国際部長　森崎《もりさき》　めぐみ

自由な働き方ができるフリーランス？　フリーランスと言えば、自由な働き方を選ぶ人？　そんなフリーランスに俳優が含まれると言われたら、ほとんどの俳優は「自分は絶対違う」と思うはずです。私たち俳優に、自由は、ほとんどありません。

●外見による配役――たとえそれが不本位でも

私たちは映画やテレビや舞台に出演するとき、自由に役を選べるわけではなく、監督や脚本家や演出家、またはプロデューサーやキャスティング担当など、制作や演出側のどなたかから役を指定されます。受けるかどうかの判断は、よほど奴隷的な扱いを受けていない限り、本人に委ねられますが、一〇〇パーセント自分がやりたい役ができることは、まずありません。

そもそも俳優が、自分は冗談好きで明るくてお笑いのような楽しい三枚目のキャラクターを演じたいと思っていても、他人から見た顔立ちが真面目そうで、シリアス系の低い声の持ち主であれば、決して三枚目の配役はされません。二時間ドラマの犯人役や病院で手術を施す医師などの需要が多いでしょう。生まれながらに持った容姿や声色で、それが本人には不本意でも、キャラクターはおよそ決まってしまうのです。それにはどうにも抗《あらが》えません。俳優を職業とする場合、それは避けられないのです。

清純派俳優やアイドルは、タバコを禁止されることが多いですが、それはイメージを守るためです。タバコのイメージが清純でないから、「キャラに合わない」ことは、仕事の需要を狭めるという理由で禁止されるのです。たとえどんなにタバコが好きでも人前では吸えません。俳優は、タバコを吸う自由すら制限されるのです。これがいわゆる「自由な働き方」と言えるでしょうか。

●時間的拘束

テレビや映画に映っている時間は、非常に短いです。ワンシーンの時間は数秒のものがほとんどで、その数秒のシーンを積み重ねたものが、一時間のドラマや二時間の映画に編集されてひとつの成果物になります。では俳優は数秒しか働いていないのでしょうか？　視聴者やお客様が目にする時間は、確かに数秒です。しかし、その裏に膨大な準備時間があります。

例えば私が出演した映画では、埼玉の小学校のロケ撮影現場に移動するために、キャストは渋谷に集合し、六時三〇分に出発しました。原則三〇分前に集合のため、遅くても六時には渋谷に到着しなければなりません。その日の起床時間は四時でした。

渋谷に集まったキャストは埼玉に到着して、すぐに衣装に着替えてメイクをします。大体それらに一時間から一時間半の時間がかかります。ちなみにこの準備のために衣装部とメイク部の担当のスタッフは、一時間早い五時三〇分に渋谷を出発して、支度《したく》現場に到着し、準備しています。

この日に撮影するシーンは、小学校の教室での、入学式の後のシーンですが、映画のなかでは、全部でほんの二〜三分だったかもしれません。それでも朝の四時に家を出て、夕方日没まで撮影にかかり、メイクを落として、着替えて衣装を返却し、埼玉のロケ現場から家に到着したのは、夜の一〇時でした。映画の撮影とは一般的にこのようにされています。

香盤表

先発　美術・衣装・メイク・制作・演出　新宿スバルビル前　6:30出発																	
4月 4日（水）天候 不拘 渋谷・宮益坂 7:30出発																	
#S	L/S	D/N	場面		1	2	3	4	5	6	7	8	9	10	11		備考
										森崎 めぐみ							
64	L	D	・校門前		○	○	○	○	○					⑮	㉚		※9:00 SHOOT !目標
65	LS	D	同・1年2組・教室	↓	○	○	○	○	○	○	○	○		㉑	㊵		
75	LS	D	同	↓			○			○	○	○		㉑			
62	LS	D	のマンション・リビング		○	○	○	○	○								
63	LS	D	同・玄関	↓	○	○	○	○	○								
11	LS	N	同・玄関〜リビング	↓	○	○	○		※窓外の夜景ねらい								
92	LS	N	同・リビング	↓	○	○											

俳優部

集合 入り 時間	場所	俳優名（役名）	出発時間	現場開始	MEMO
	新宿・スバルビル前		6:30	9:30	※クラスメイト役の子供たちは、
	↓		↓	↓	朝103教室でお父さんの似顔絵描きを
	渋谷・宮益坂		7:30	9:00	仕上げてからから支度になります。
	↓		↓	↓	
8:00入り				↓	
↓	↓			↓	
8:30入り	↓			↓	
↓	↓	森崎めぐみ		9:30	
7:15集合		クラスメイト⑯母親⑯		9:00	※マンションへお住まいの方への気配りとして
7:30集合		クラスメイト⑤母親⑤		↓	撮影が深夜になった場合、撤収・搬出は
8:15集合		父親⑰		↓	翌4/5の午前中とさせて下さい。
					本日の日の出　5:24
					日の入り　18:08

映画を鑑賞された方がたは、映画のなかでうっかりしたら見過ごすかもしれない二〜三分のシーンが、サラリーマンの一日の労働時間よりも多い時間をかけて他府県まで場所を移動して、約二〇パートに分かれた担当スタッフそれぞれ数名以上が、キャストよりも多い労働時間をこなしながら映画をつくっていることは、想像しにくいと思います。これらの場所移動、支度、リハーサル、加えてメイクをし、衣装をつけたまま待つことも必要で、私たち俳優の時間的拘束は多大なるもので、

映像成果物からはわかりにくいものです。

●場所的拘束

落語家は、寄席小屋で噺《はな》します。一日に五か所も別の寄席小屋を廻るそうです。彼らは、寄席小屋の会場でしか仕事ができません。どんなに面白くても、うまくても、寄席で噺さなければ落語になりません。歌舞伎俳優も劇場で演じます。どんな劇場でも歌舞伎ができるわけではなく、花道や奈落や、歌舞伎の芝居に必要な設備がある、日本でも有数の劇場でしか、歌舞伎を演じることはできないのです。能楽師は能舞台でしか能を演じることができません。松が描かれた鏡板や橋掛かりなどの設備が、伝統で守られています。映画俳優は、撮影する場所でしか演じられません。同じ演技が自宅でできたとしても、多くのスタッフとの共同作業ができる場所で、映画のシーンが求める時間帯の日光や、そのシーンにふさわしい音が録れる場所でなければ撮影ができません。これら各分野の俳優のフィールドは、会社や自宅でできる仕事とは大きく異なります。

また俳優の場所的拘束の従属性は、扮装による原因もあります。歌舞伎役者が歌舞伎の隈取《くまどり》の化粧をしたまま、休憩時間に歌舞伎座の隣のレストランに行くことはできません。落語家は和服を着ないと高座に上がれません。それだけでなく、移動のたびに着替えが必要になります。一日五回の寄席会場に行くならば、五回和服に着替え、もう五回、和服から洋服に着替えているのでしょう。

映画俳優はロケ現場に米国ハリウッドのようなトイレ付きのトレーラーはまず無いので、どこかのトイレや食事に行くたびに、人目を避けるためのいくばくかの変装をしなければなりません。

この場所的な拘束はとても特殊で、非日常的な「実演」と呼ばれる演技や講談をしている以上、日常生活に属する食事や排泄などの日常的行為には、かなりの不自由が生じていると言わざるを得ないのです。

●文化的従属性

「盛者必衰」が平家時代の武士争いだけではなく、文化のことも指しているように、文化の栄枯は世の常で、個人の力ではどうにもならない問題です。同様に芸能界の盛衰は、そこで働く芸能人の能力の問題ではなく、世の中全体の景気や、文化の成熟度合いや、スポンサーの有無、企業の広告費の大小によって左右されます。

「売れている芸能人」とよく一言で言われますが、何をもって「売れている」と指すのか、非常に曖昧です。厚生労働省では雇用類似（＝個人事業主、フリーランスのこと）のための社会保障や安全衛生などが検討されていますが、「売れている芸能人に社会保障は必要ないのではないか、月づきの費用を払わない可能性があるのではないか」などと言われているのを聞いて、驚き、悲しくなりました。国の社会保障とは、すべての人間に、公平に与えられるものではないのでしょうか。確かに文化度が高く、バブルのような経済的に豊かな時代に、シャボン玉の泡ほどの大量なお金を稼いだ芸能人はいたかもしれません。しかし泡は弾けるもので、時代の流れとともに、文化は必衰します。私たち俳優はどんなに頑張っても文化の盛衰には抗えません。「文化的従属性」とは私の造語ですが、まさに俳優は自身が生きる時代の文化に従属していると考えられます。

●曖昧な補償と報酬

バブルが弾けゆく一九九九年、独禁法違反だと指摘されたことで、俳優のランク制度が崩壊し、報酬の下げ止まりが効かず、コツコツと順調に仕事をこなしてギャラが上っていた俳優の生活が崩れていきました。キャスト費とともに製作費も下がり続け、現場の事故に備えるための保険や食費などから削られてしまい、製作日数も減ってしまいます。するとスタッフの睡眠不足で事故が多くなり、ミスや怪我も増えます。また節約のためスタッフの兼任まであり、メイクと衣装を同一人物がこなさざるを得なくなったり、俳優がみずからメイクや衣装のアイロンがけをしたり、挙句《あげく》、衣装が自前で食事は手弁当の現場まで出てきました。

負担が増えても報酬が上がるわけではありません。それまでなかった「御当地アイドル」「読者モデル」「エキストラ・ボランティア」など、経験が浅くてもすぐに露出できるような新しい分野のタレントや、無料奉仕の仕事まで出現しています。それでも、経験を積んだ俳優とスタッフは真面目に物創りをし、勤勉に働き、愛情を持って作品を創り続けてはいますが、それは「やりがい搾取」以外の何ものでもありません。

●ハラスメントに耐える俳優たち

文化が衰退し、予算のない現場では、人間関係が疲弊し、ハラスメントが横行するのが常です。それは全世界的な現象です。世界約七〇か国・約一〇〇団体の俳優組合が加盟するNGOのFIA国際俳優連合では、俳優が働く現場をよくするための最初の手段はハラスメント防止対策であると提唱しています。おもだった加盟ユニオンは二〇〇五年前後にその第一段としてアンケートを実施しています。その集計結果は各国で驚くほど似通っています。

封建的な日本では、アンケートですらハラスメント被害を答えにくい状況下にありましたが、二〇一九年に実施した「フリーランス・芸能関係者のハラスメント実態アンケート」*は、一二一八名もの有効回答を得ることができました。結果は、欧米の結果とほぼ同様に酷いものでした。

［質問］次のような体験をしたり、見聞きしたりしたことがありますか？（一二一八人中）
・レイプされた（同意のないセックスをさせられた）　五三人（四・四%）
・性的嗜好や性自認について話題にされた・からかわれた　九六人（七・九%）
・同意なく露出の高い衣服を着せられた　三〇人（二・五%）
・脱いだら出番が増えると言われた　三一人（二・五%）
・トイレのない場所での撮影時に、野外での排泄を余儀なくされた　二六人（二・一%）
・同意なくヌードをとられた一四人（一・一%）

俳優は回答者全体の二〇・九%なので、実際はもっと比率が高いと思われます。現状、ルールも法律もなく、まだハラスメントを意識できる基盤すらない状況でこの実態は、海外の未対策当時とほぼ同じ結果が出ています。ただし着替えの場所やトイレすらも行き届かない、安全衛生上の問題がある点は、欧米よりもレベルが低いと言えます。

＊調査期間：2019年7月16日〜8月26日
調査主体：日本俳優連合、MIC フリーランス連絡会、プロフェッショナル＆パラレルキャリア・フリーランス協会

二〇二〇年六月にフリーランス対象のハラスメント防止法の指針が施行されます。現場での取り組みを最大限に実行して、芸能界に揶揄《やゆ》される「ハラスメントの大温床」「最後のブラック企業」の汚名を返上しなければなりません。

●俳優のこれから

二〇一九年ＩＬＯ「仕事の世界における暴力とハラスメントの根絶に関する条約」が圧倒的賛成多数で採択され、日本では、個人事業主にも「適用することが望ましい」とされました。これがフリーランスにとって初のハラスメント防止法で、それまでは無法地帯だったのです。ルールが何もない芸能界で、これまで何世代もの先人たちが芸を営んで来たことに、どれだけの苦労があったことか、はかり知れません。

同年五月コペンハーゲンで、ＦＩＭ国際音楽家連盟による初の国際フリーランス会議が催されましたが、ここで「政府と雇用主は、フリーランスの音楽家に競争法（日本の独禁法にあたる）を適用しないことを明白にしなければならない」と声明を出しました。ところが日本では、独禁法を精査しないまま、家族的で友好なマネージャーや製作者との関係を裂くかのように、適用を提唱されています。

現場の製作予算が非情に削られ続けている昨今、ハラスメントを受けた四人に一人が仕事を辞めています。現場と働き方の実態にそくして法を育てていかないと、俳優という職業の存続すら危ぶまれる事態になる――そんな切実な思いを込めて、警鐘を鳴らしたいと思います。

本業だけでは生計が立てられないアーティストの実像

――音楽演奏者たちの仕事と生活から

日本音楽家ユニオン全国本部代表運営委員　土屋《つちや》　学《まなぶ》

●テレビ局・レコード協会との交渉機能を持つユニオン

日本音楽家ユニオン（音楽ユニオン）は約五〇〇〇名の会員がいます。オーケストラの団員、フリーランスの演奏者のほか、作詞・作曲・編曲者、楽器の調律師、音楽講師、音楽ライブの監督など音楽に携わるあらゆる領域の会員がいます。オーケストラの団員も個人として加盟しており、会員の約半数がフリーで仕事をしています。多くの音楽家が、個人の資格で仕事が依頼され、報酬を得て生活しているわけです。

個人で契約する場合、必ず「契約書」を結ぶようにユニオンでは呼びかけていますが、歴史的な経過があり、いまだに契約書なしで仕事をすることが多く、報酬の不払い、キャンセルの際のキャンセル料の不払いなどが多く発生します。どうしてもフリーランサーの方が弱いので、次の仕事をもらえなくなることを恐れて、諦めてしまうことも多くあります。

フリーの実演家のなかには、多様な業種があります。有名なアーティストの背後で演奏しているバック・ミュージシャン、CDなどを録音するフリーのスタジオ・ミュージシャン、子どもたちを対象にした小さな音楽教室を開いている人、ブライダル（結婚式場）やアミューズメント施設で働いているミュージシャンなどです。音楽ユニオンではこうした実演家の「最低賃金」にあたる報酬を決めています。

テレビ出演については、NHKと民放キー局に対して、毎年三月に音楽ユニオンが最低賃金についての交渉を個別に行い、約束を交わして四月からはそれを守らせています。これはユニオンの会員以外にも適用されます。スタジオ録音についても同じく毎年三月にレコード協会と「春闘」（ミニマム交渉と呼びます）を行い、決まった金額を守らせています。

かつて、NHKの紅白歌合戦の出演料をめぐって「ストライキ」でたたかった経験もあります。当時はNHKの出演料は、民放に比べてもとても安く、バックで演奏するビッグバンドなどのメンバーが集団でボイコットするというたたかいをしました。NHKも、東京のミュージシャンを使わずに地方のミュージシャンを集めることで対抗するつもりだったようですが、なかなか集まらず、出演料を二倍に引き上げるということで妥結したという経験を持っています。

しかし一般のライブについては、交渉できる業界団体がないので、音楽ユニオンとしては、本番・リハーサルを含めて、一回三万円以上を基準にしますが、会場費や集客数によって柔軟に対応できるようにしています。こうして実演者の報酬について不当なダンピングが起こらないようにしています。また、ブライダルやアミューズメントで働く人の場合、そこに仲介業者が入ります。そうした業者との団体交渉はまだできていませんが、最近は契約解除をめぐっていくつかトラブルが起こり交渉したこともありますし、音楽教室で働く先生たちの不当な解雇があった際には、ユニオンでも対応して、労使関係が存在したことを証明し、再雇用を目指すか、無理な場合は和解金を支払わせるなどの成果を勝ち取っています。

フリーランスというと、「自分の裁量で」「自分の生活スタイルに合わせて」ということが強調されますが、音楽家が、自分で企画を立てて、曲目なども決めて自分の演奏会を開くというのは、限られています。ある程度の集客力のあるアーティストで、自分の事務所を持っている人でしょう。

●オーケストラにも委託契約が

オーケストラ団員は、基本的には楽団に雇用されています。しかし、演奏する曲目によって「足らない楽器」が出てきます。その場合は募集し、臨時に入る団員がいます。多くはフリーランスの方で、臨時団員として演奏している間も雇用契約ではなく業務委託契約です。その場合もユニオンを通して、最低の報酬を規定しています。しかし、演奏のために入るだけですから、出演料以外の経費は基本的には保証されません。衣装についても男性ならタキシード、女性なら白いドレスが基本です。正規の団員は楽団から衣装代の補助が出ますが、臨時の団員は自費で準備します。

オーケストラの団員については、二〇一一年に和解した新国立劇場所属の合唱団員・八重樫節子さんの契約更新拒否をめぐるたたかいがありました。八重樫さんは、一九九八年から五年間、年間約四〇回のオペラ公演に出演するために約二三〇日も新国立劇場に出勤して練習や稽古に参加していました。契約は一年ごとの業務委託契約になっていて、年収はわずか約三〇〇万円でした。八重樫さんは、二〇〇三年以降の契約打ち切りを通告されたため、不当労働行為の救済の申し立てに続き、裁判所に地位確認を請求する訴訟を起こしてたたかい、ユニオンでも全面的に支援しました。新国立劇場運営財団は、労働者性を認めない契約形態や、オーディション制度を使って「不合格」という名の解雇にし、団員を使い捨てる政策を続けながら、音楽ユニオンの団体交渉申し入れを拒否してきました。地裁・高裁では合唱団員が労働組合法上の労働者であることが否定されましたが、最高裁で、合唱団員の労働者性を認める判決が出されています。八重樫さんの職場復帰はかないませんでしたが、重要な判決であるといえます。

●音楽だけでは生活できないフリーランス

フリーランスの演奏家には、多く稼ぐ人もいますが、多くの演奏家は、年収三〇〇万円程度で、二〇〇万円に満たない方も少なくありません。ですから音楽だけでは生活できません。

バイオリンやチェロなど管楽器の実演家は、臨時団員として月のうち何日かはオーケストラで演奏しながら、残りの日は自宅で楽器教室を開くという人が大半です。むしろフリーの演奏家の場合、臨時の仕事があるかどうかはわかりませんから、ほとんどが自宅で教室を開いたり、学校で教えてそこで固定収入を確保しながら、必要に応じて演奏するという人がほとんどです。「学校」といっても公立学校の専任教諭は副業ができませんから、少人数の専門学校や町中の音楽教室などで、そこでも非常勤講師のような扱いです。それでも毎月一定額の収入がありますから、そちらの収入の方が主になるという人がほとんどです。音楽とは関係ない、タクシー運転手やスーパーの店員のアルバイトをしながら、休日にフリーの演奏家としても仕事をしているというような人もいます。

ですから特別に高名な音楽家や、有力な交響楽団の団員であれば一定の収入が確保でき、自分の子どもを学費の高い音楽大学に入れて高額な楽器を買ってあげることができますが、多くのフリーの演奏者の収入では、子どもの普通の教育費さえ苦労しているのです。

●一回の演奏でも拘束は一〇時間

音楽ユニオンにはバック・ミュージシャンという人たちもいます。事務所に雇われている人もいますが、フリーランスの人もいます。ある程度は一つのチームの固定的なメンバーでやる必要があるので、時間的・場所的な拘束性が出てきます。彼らの賃金形態はあってないようなものです。バック・ミュージシャンも、プロデューサーの指示のもとで歌ったり、踊ったりしています。「相場」というのがあって、ライブ一本が本番で七万円（リハーサルは半額）といったところです。一週間練習して、その間は三万五〇〇〇円、最後に本番で七万円もらうという形態です。これはアーティストの所属事務所または所属レコード会社との交渉で決まります。インペグ業（アーティストの伴奏者やテレビ番組のBGMなどの演奏者を斡旋する事業者）が中間に入ります。この「相場」は、そのときどきの景況で変動します。

労働時間ですが、ライブの演奏それ自体は二時間程度です。しかし、会場に入り、機材や楽器のセッティングをし、当日のリハーサルもありますから、拘束時間は優に一〇時間を超えます。前日までのリハーサルも五～六時間は拘束されます。その拘束時間すべてと、会場までの交通費、楽器の維持費、リハーサルに出るまでの個人的な練習時間なども全部含めて三万五〇〇〇円です。大きな楽器の場合、ライブ会場に運び込む運送費がかかり、事務所で負担してくれる場合もありますが、自費というケースもあります。お金のないミュージシャンや、ジャズミュージシャンの場合、会場代などを減らすためにリハーサル回数を減らしたり、ぶっつけ本番でやる人もいたりします。

●仕事がないときでもトレーニングを重ねる

音楽演奏者の場合、スポーツ選手に比べると、年齢や体力によって限界が来ることは少ないのですが、皆無ではありません。楽器によって差があり、ドラムのように体力を使う打楽器などは加齢によって難しくなるものもあります。吹奏楽器のように吹く楽器は、肺活量の衰えによってきつくなります。弦楽器でも音程が合わせにくくなる人もいます。これも個人差があり、日ごろからトレーニングを重ねている人とそうでない人によって違います。声楽家は、加齢とともに声帯の衰えが出てきます。つまり、実演家の場合は、演奏の仕事がないときでも、つねに訓練を続けていないと要請にこたえられないのです。

音楽家には特有の職業病もあります。バイオリンなど弦楽器の奏者は肩と首の間に楽器をはさんで固定しますから、背骨が曲がります。ピアノ奏者以外にも腱鞘《けんしょう》炎になる人が結構います。そして難聴です。こうした病気に対しても、労災認定はありませんから、フリーランスの演奏者は、国民健康保険による自費治療になります。

ドイツでは、ＫＳＫという芸術家を支援する社会保障制度があります。これは年収（見込みまたは数年以内の見込み）三九〇〇ユーロ（月平均三二五ユーロ）以上なら誰でも入れる制度です（一ユーロ＝一二〇円で換算すると、年収四六万八〇〇〇円、月収三万九〇〇〇円に相当）。収入が少ないアーティストは健康保険料を節約できて、ドイツの国の法定年金に加入し、ＫＳＫが社会保障費の半額を負担するものです。今年のコロナ感染のように突発的な災害で収入が断たれた場合、簡単な手続きで補助金が支給されます。そのお金で当面三か月程度は生活できるようになれば、仕事がない期間は公共施設で無料の演奏会を開いて社会貢献するというような活動ができます。日本でもよく災害被災地などにボランティアで演奏に行くことがありますが、それでは演奏はタダであると思われてしまいます。やはり国から保障があって、それを国民に還元するという方法をとることがいいのではないかと思います。

●〝不労所得〟は魅力だが……

作詞・作曲者など創作に携わる人には「著作権」収入があります。ＪＡＳＲＡＣ（日本音楽著作権協会）から、毎年、三、六、九、一二月の四回、著作権使用料が振り込まれます。実演家や放送事業者には「著作隣接権」があります。これは著作物の伝達のために重要な役割を果たした演奏家や放送事業者などに認められるもので、ＣＤをレコーディングしたり、放送のために演奏したりしたときに権利が生まれます。ＭＰＮ（演奏家権利処理合同機構）から、六、一二月に使用料が振り込まれます。ビートルズのように世界各地で何度も放送される曲であれば相当な収入になります。

こういう「不労所得」的な収入は、音楽家にとって魅力です。コロナ問題などで仕事がないときでも収入が入ってきますから。そこで、こうした権利を取得しようという動きが生まれます。

インターネットの「ユーチューブ」に、ＰＤ曲（＝パブリック・ドメイン。知的財産権が発生していないか消滅した作品）を自分で演奏して公開した場合、それは自分の曲としてＪＡＳＲＡＣに登録できます。もし仮にこの曲が一〇〇万回再生されると相応の収入になります。今年のコロナ問題で、実演の機会がなくなったオーケストラの団員やフリーの演奏者たちの間で、こうした方向で収入を確保しようという動きが出てくるでしょう。演奏の場がなくて家にいますから、これまでインターネットなど見向きもしなかった実演家たちも、自分の演奏を子どもにスマホで録画させてネット上にアップしています。観客がいなくても、ネット上で再生されればある程度の収入が確保できるのですから、コロナ問題を機に、音楽家の価値観が変わってしまうことが懸念されます（もっとも、そのことによって逆に生演奏の価値が高まるということになるかもしれません）。

「委任契約はグレーゾーン」と認めさせ雇用化へ

——法のはざまに置かれているヤマハ英語講師

ヤマハ英語講師ユニオン執行委員長　清水《しみず》ひとみ

●労働局での門前払いに疑問

「あなたは労働者ではない」から始まりました。

私たちはヤマハ英語教室で働く講師です。全国、南は九州、沖縄から北は北海道まで、約一二〇〇人の講師がいます。ヤマハというと音楽を思い浮かべると思いますが、ヤマハ英語教室は、そのヤマハ音楽教室の運営を通じて蓄積された幼児教育のノウハウと、音と英語のリズムを融合した独自のメソッドをもとに一九八七年に開設されました。現在はヤマハ株式会社が一〇〇％出資する株式会社ヤマハミュージックジャパンが業務展開しています。英語教室業務は、ヤマハの楽器販売を受託した全国のヤマハ特約店が、ヤマハ英語教育システムの運営管理業務を受託し、特約店の教室会場で展開しています。対象はゼロ歳児から大人まで、多彩なレッスンのコースがあります。

二〇一八年春、雇用形態に疑問を感じた一人の講師が大阪労働局に相談に行きました。労働局の入口には「どなたでもお気軽に相談ください」とありました。以前から収入が不安定で、労働条件も良くないことはわかっていました。たくさんの優秀な講師がヤマハを去っていくのも見てきました。でも自分は大好きなこの仕事を続けたい、そう思って相談に行きました。しかし、「委任契約を結んでいるあなたは、個人事業主で、労働者ではありません」と門前払いされてしまいました。働く人が労働者ではないのか？　素朴な疑問でした。

しかし、どう考えても私たちの働き方は「事業主」とは程遠い実態でした。

●講師は一年ごとの「委任契約」

ヤマハ英語講師はヤマハ英語講師資格試験合格後、講師認定研修を経て、ヤマハミュージックジャパンと一年間の委任契約を結び、各特約店会場に配属され、英語を教える業務をしています。委任契約書にサインはしていますが、自分たちの雇用形態について深く理解しないまま、配属先が決まり、ヤマハの指示のもと仕事がスタートします。その後も毎年契約書が送られてきて、サインして返送する、の繰り返しでした。講師になって半年後、二年次、三年次、六年次など、数年に一度、指導内容の研修もあります。

●配属先も指定され会議や研修も「義務」

私たちの働き方の実態は労働者です。私たちの労働者性は、以下の点からも明らかです。

①業務遂行上の指揮命令はヤマハからあります。指導内容が細かく決められていて、年間レッス

ン数ごとのカリキュラムがあり、カリキュラム通りレッスンを進めることを求められます。また、指導手順、指導方法等の研修を受けなければレッスンの担当はできません。保護者会や参観の設定もあります。ヤマハの指導スタッフのレッスン見学が定期的にあり、マニュアルに沿ったレッスンができているかを確認されます。

②勤務先は配属先として指定されます。希望は伝えても自分で選ぶことはできません。ほとんどの講師が複数の会場を掛け持ちしています。所属特約店が複数ある講師もいます。

③会議、研修は交通費のみで招集されます。拘束時間は半日～一日で必ず出席確認を取られます。事前に宿題が出て、提出を求められることがあります。コース改訂の場合は、新コースの研修を受けなければ該当レッスンを担当できません。

④使用教材、教具類は教室にあります。会場にはテキストをはじめ指導教具類はすべて揃えてあり、すべてヤマハの指定教材教具です。使い方も指示されます。講師の自由な裁量でレッスンを進めることはできません。

●「事業主」なのに「給与所得」？

講師はレッスンと教室の準備、生徒や保護者の対応などのため、レッスン開始時間より早く（遅くとも三〇分前、以前は一時間前と指示あり）会場に出勤し、レッスン終了後は後片付け、生徒、保護者の対応などの業務を済ませてから退勤します。

私たちの報酬は「レッスン謝礼」と呼ばれ、生徒一人当たりに単価が設定されています。人数が多いと増えますが、一人クラスになると最低賃金を下回ることもあります。もちろん時間単価ではないので、レッスン前後の準備、後片付けなど他の業務に賃金は発生しません。レッスンプランの作成、欠席生徒への対応、テストの採点、評価表の作成、発表会の台本の作成などにも賃金は発生しません。休日や夕方以降のレッスンについても割増賃金はなく、一日で一〇レッスン（一レッスン五〇分~六〇分）を受け持つ講師もいますが、時間外賃金に相当するものは一切ありません。休憩時間が取れない場合もあります。また、レッスンとレッスンの合間に長い空き時間があっても空き時間はカウントされず、会場での拘束時間が八時間を超えても、一レッスン内の人数×コース単価でしか賃金は発生しません。

しかし、私たちの報酬はなぜか「給与所得」として源泉徴収されており、毎年会社に年末調整の書類を提出します。そのため「事業主」としての必要経費などは認められることはありません。

私たちの実態は、間違いなく労働者です。しかしながら「委任契約」ということで「法のはざま」に置かれ、社会保険（雇用保険、労災保険、健康保険、厚生年金保険）も労働基準法も適用外です。労災もないので、通勤途中の事故、教室内での事故にも何の保障もありません。有給休暇はなく、やむをえず代講（ヤマハの認定英語講師のみ）を頼むと、代講手当をみずから支払わなければなりません。また、台風などの自然災害や今回（二〇二〇年春）のような感染症で休講になると、年間レッスンの規定回数を実施するために振替レッスンを設定しなければなりません。もちろん休業補償はありません。

●仲間と勉強会を続けて労働組合の結成へ

大阪労働局へ相談に行った講師の話を聞いた同僚の講師十数名が集まりました。「私たちの雇用はおかしい」とみんなが薄々感じていた疑問や不満を出し合いました。不満は要求になり、会社に質問状や要望書を送り、私たちの労働者性を訴えました。しかし会社は、「合法である。給与所得は税務署の指導だから変更はできない。委任契約の範囲で仕事をしていただいている。会議も研修も参加は任意である。三〇年間、どなたからも文句は出ず、上手《うま》くやってきている」と繰り返し、有志のグループではまともに相手にしてもらえず、誠意のない対応が続きました。

このような会社からの曖昧な対応に困っていたとき、一人の講師のつながりから労働NPO（働き方ASU—NET）や弁護士の先生方につながりました。何も知らない私たちはまず、労働問題や労働組合について何度も勉強会を重ねました。労働組合法の下では私たちも労働者であるということ、そして、理不尽な働き方をしている私たちを守ってくれるものとして、労働組合や労働組合法が存在していることを知りました。私たちは、会社と対等な立場で交渉するためには労働組合が必要だという確信に至り、二〇一八年一二月に労働組合を結成、すぐに会社に要求書を提出し、団体交渉申し入れをしました。

私たちが労働組合を結成したという朝日新聞の報道を皮切りにメディアに取り上げられると、ヤマハ英語講師だけでなく、同業他社の講師、音楽教室の講師、ヨガのインストラクターの方がたなど、各地から大きな反響があり、驚くと同時にとても励まされました。

大阪の講師十数名で立ち上げたヤマハ英語講師ユニオンですが、現在は全国各地に組合員が増えています。ほぼ同時期に新潟県や鹿児島県でも、私たちと同じようなグループができていました。それぞれに仲間どうしで話し合いを重ね、会社に質問したり、法律相談、労働相談に出向いたりしていました。新聞報道をきっかけに、私たちの行動に賛同し、ユニオンに加入してくれました。いま全国各地のヤマハ英語講師がつながり始めています。

私たちは講師が安心できる環境で安定して働くことこそが、教えている生徒たちにとっても、ヤマハ英語教室にとっても発展につながるという思いで、仲間を増やし団結して歩み始めました。

ユニオンでは全国各地にいるメンバーと情報を共有し、ともに考えるために、メーリングリストを活用しています。そこで、団体交渉の報告や様ざまな情報を知らせ、意見交換をしてユニオン内の意思統一をはかっています。また、組合員を増やすために、ユニオンについてのリーフレットを作成し、講師や関係各所に配布しています。さらにホームページを開設して、ユニオンの活動報告などを発信し、労働問題や働き方について、身近な問題として考えてもらえるように、「Q＆A集」や弁護士の先生方によるわかりやすい解説も載せています。

●直接雇用化まであと一歩にせまる

交渉は継続中です。

団体交渉申し入れ後、会社は交渉に応じてくれましたが、最初は、「お話し合いはお受けする」という態度でした。組合員数や組合員名簿の提示を何度も求められ、「今の委任契約で何の問題もない、直接雇用の要求なんて何を夢のようなことを言っているのか」というような態度を取っていました。労働組合についてまだまだ勉強中の私たちは何度も怯《ひる》みそうになりましたが、レッスン後、夜遅くまで打合せを重ね、わからないことは助言を求め、粘り強くこれまで一一回の交渉を続けてきました。現在は会社側もこの交渉は団体交渉であると認め、社長名の文書回答を示し、本社から当該の部長が交渉責任者として出席しています。これまでの交渉の成果としては、謝礼の改訂がされました。現在は雇用化に向けて労使で基本的な合意の協議に入っています。

交渉のなかで会社は、「ヤマハ英語教室発足から三十数年が経ち、運営も改革が必要になっている。現状の英語講師の働き方と、委任契約はグレーゾーンである」と認めました。

そして、「講師の離職を減らすためにも、働き方が問われる今の社会に合った形に英語教室運営の事業改革をし、契約形態の見直しを進め、雇用化に向けて動いている」と発言しています。私たちの労働実態に合った形、直接雇用化の実現へ向け、あと一歩のところまで来ています。

しかし、直接雇用が実現されたとしても、名実ともに「労働者」としての権利が保障されるためには、残された課題（賃金体系・労働条件）を着実に成果につなげなければなりません。会社側は新たな契約形態を構築するのは会社の専権事項であり、ユニオンと協議はするが必ずしも合意は必要ないという考えもチラつかせています。これからが組合の頑張り時だと考えています。労使の対等な話し合いが行われ、合意を目指して協議していけるよう、粘り強く交渉して行く決意です。

また、私たちはユニオンを結成し団体交渉を求めるのと同時に、労働基準監督署に時間外労働（レッスンの準備・後片付け、欠席した生徒への対応などの拘束時間）の未払い賃金の請求の申し立てを行っています。現在は地元の北大阪労働基準監督署から、ヤマハミュージックジャパンの本社のある東京三田労働基準監督署へ、さらには東京労働局へと審査が送られており、私たちの労働者性の判断も迫っています。

●生徒たちの将来のためにも諦めない

ほとんどの講師が、個々に疑問や不満を持っていても、委任契約書にサインしたのは自分だからと諦めていました。好きな仕事でも、条件が嫌なら辞めるか、我慢するかの二つの選択肢しかないと思っていました。

しかし、自分たちで変えるという選択肢がありました。声に出し、仲間と考えれば、わからなくても助けてくれる人がいます。私たちは今、行動すれば何かが変わると、身を持って感じています。周りを見るといろいろな問題に気づきました。私たちが教えている生徒たちだけでなく、これから将来を担う子どもたちのだれもが、理不尽な働き方を強いられないように、そして、正しい知識を持って社会に出ていけるようにするためにも、教育にかかわる私たちが諦めず、行動していきたいと思っています。

会社にお金を払って仕事を得る業務委託の指導者たち
――ヨガスタジオの認定制度と働き方

ヨガインストラクター　吉田《よしだ》　明代《あきよ》

●登録型派遣のような業務委託

私たちが働くヨガスタジオには、ヨガやピラティスなどのインストラクターが約三〇〇人登録し、全国のスタジオで日々クラスを行っています。私たちは会社と「業務委託契約」を結んでいます。一年間の契約で一年ごとに契約書を交わしたときもあれば、数年間は自動更新が続くこともありました。「登録インストラクター」になるには、会社が開催するオーディション（筆記と実技）に合格しなければなりません。合格率一割の狭き門です。合格後、社内マニュアルなどを共有する研修を経てレギュラークラスの担当が可能となりますが、すぐに希望に沿った場所や時間帯で担当できるとは限りません。レギュラークラス枠は、学校の時間割のように決まっています。新規で担当する機会は、既存のインストラクターの退職や新店舗の開店などの要素が絡みます。「登録インストラクター」になっても数か月間は他のインストラクターが休む際の代行で不定期にクラスを行うことしかできない例は多くあります。

レギュラークラスの依頼は、会社からインストラクターに場所と時間とクラス内容が決まった形で伝えられます。待ちに待った念願のレギュラークラスの依頼なので、場所や時間が望むものとは違っても、多くのインストラクターはその依頼を拒みません。また会社からの依頼を快く受けることが次の依頼に繋がるため諾否の自由があるとは思えません。私はそうして獲得したレギュラークラスを週に数本担当し、首都圏近県の五か所のスタジオを回っています。

報酬額は「一クラスあたり〇〇円」という契約で、他に夜間や土・日のクラスを担当すると若干の手当がつきます。報酬額の決定には集客率（クラス定員に対する実際の受講者数）が強く反映されます。算出方法も基本報酬額も明らかではありません。個人差がかなりあるようなのですが、「報酬額や諸条件を他のインストラクターに話さないこと」という契約条項があるので自分の報酬額が適正なのかわかりません。

報酬額は、週に五日、一〇クラスを担当しても、平均的な大卒初任給には届きません。週休一日の人もざらです。一社との契約では生活するのに十分な仕事数は無いので複数の会社と契約し休みなく働く人や、バイトや会社員をしながら働く人も多くいます。

一回のクラスは六〇分または七五分が基本ですが、準備、お客様のお出迎えお見送り、報告書の記入などで前後三〇分ずつは拘束時間です。その他に無報酬で参加必須の研修もあります。この会社は自宅とスタジオ間の交通費は支給されますが、交通費込みの報酬や交通費は上限額の範囲内で支給するという会社もあります。

インストラクター自身の技術の向上のためにそれぞれに勉強する費用も、もちろん自費です。海外に学びに出向く人もいます。レッスンの際に着用するヨガウェアは指定はありませんが、自社ブランドのウェアを着用するのは好まれます。それがお客様の購入につながるからです。ウェアの購入も自費なので「仕事着」に掛ける費用負担は小さくないです。

ヨガは年齢に関係なく高齢になっても指導を続けている方もいます。しかし商業的には若々しさやファッショナブルなイメージが好まれています。年を重ねてもスタジオでクラスを担当し続けられるのか不安に思うこともあります。

●体を動かす仕事だが労災はなし

次に、ケガや事故の際の補償のことです。

体を使う仕事でケガをすることも、また体調がすぐれないこともあります。有給休暇はないので報酬はゼロになります。代行するインストラクターは自分で「登録インストラクター」のなかから探さなければなりません。代行の届け出は前々日までと決まっているので、それを過ぎると基本報酬の五〇%相当額を当月か翌月の報酬総額から引かれます。要するに「罰金」が課されるわけです。診断書を提出すると「罰金」を回避できますが、診断書を取るにも数千円掛かりますので、「罰金」を選択するインストラクターもいます。

会社は私たちを雇用していない形なので、私たちを労災に加入させていません。会社が定めたマニュアルに沿ってレッスンをしますが、仕事中にケガをしても自費治療ですし休業補償もありません。民間団体が「ヨガ保険」という商品を売り出していますが、薄給のインストラクターにとっては高額な保険料です。私たちは一日のなかでいくつかのスタジオ間を移動することも多くあります。会社が定めた場所に、会社が定めた交通経路を使いますが、移動中の事故に対する補償もありません。労災保険なら仕事中も移動中の事故にも保障があるので「守られない働き方」だと痛感します。

●認められない産休制度

フリーランスであることで不利に扱われていると感じることはたくさんあります。そのひとつが産休の問題です。

ヨガインストラクターは圧倒的に女性が多く妊娠出産は常にあります。しかし私たちは「労働者」として扱われないので産休制度が適用されません。自社の産休制度も確立されていません。長年レギュラークラスを担当しても妊娠出産で数か月休んだ後に同じクラスに復職することは保証されません。なので、妊娠出産を機にそれまで続けていたレギュラークラス複数本を一気に失う人もいます。その一方で長期間休んだ後に復職するインストラクターもいます。ルールがないので、社員の取り計らいを受ける人と、受けられない人がいるのが現状のようです。ユニオンでも産休制度について公正な扱いと担当クラスへの復職を求めていますが回答は得られていません。

他社では妊娠を機に辞めさせられた、暴言を吐かれたという話も聞きます。「フリーランスだから」という理由でマタニティー・ハラスメントが横行しているのに納得がいきません。

●自社認定制度

この会社では、ヨガのインストラクターを認定する制度をつくりました。もともとヨガインストラクターには国家資格や業界団体資格というものはありません。それぞれのスタジオの講習やオーディションを経て指導者となります。資格の肩書き以上に実力と実績を重視していると言えます。近年業界内では「ヨガ指導者養成コース」が多く行われています。この会社も自社の「ヨガ指導者養成コース」をつくり、修了者には自社の「認定」を与えています。認定者は認定保持のために年間で規定数の有料研修を受講し、年一回、認定更新料を支払わなくてはなりません。指導者養成コースは修了までに五〇万円以上掛かるのが平均です。指導者養成コースと認定制度の組み合わせは、会社にとっては収益を見込めるものだと思います。会社はこの認定制度を現職のインストラクターにも当てはめて「現職のインストラクターには認定を付与する。今後の自社のクラスは認定者が担当する。認定保持に必要な研修の受講と更新料の支払を期日までに行わない者はレギュラークラスを終了する」としました。認定の取得は任意としていますが、認定を取得しないことは、これまで継続して行ってきたクラスができなくなることを意味します。失職です。会社は「仕事を続けたければ、お金を払え」と言っているのです。この会社の「認定」は他のヨガスタジオでは意味をなしません。資格として広く通用するものではありません。オリジナリティーのある新メソッドでもありません。社内マニュアルを理解して実施できることに過ぎません。この方針に同意できずに既に辞めたインストラクターもいます。指導実績も実力も人気もある方がたなので、非常に残念なことです。

この認定制度については団体交渉中ですが、会社は一方的な導入を押し進めようとしています。ユニオンは認定制度を実質的に強制とするのを止めること、強制するのなら対価を支払うこと、クラスの強制終了を撤回することを要求しています。

●余剰に育成されるインストラクター

会社がユニオンの声を聞き入れずに強気に認定制度を押し進めることができるのは、インストラクターを余剰に採用してきたからだと思われます。

近年、店舗数や総クラス数が減るなかでインストラクターの採用は続いています。登録インストラクターだけど、レギュラークラスは持っていないという人も多くいます。さらに指導者養成コースの修了者やオーディションの不合格者を対象に「デビューサポート制度」を設けました。デビュー候補生コースのようなものです。もちろん有料です。マンツーマン指導やテストを受けることが最低でも三か月、長ければ一年近く続く人もいると聞いています。長くなれば会社に支払う金額も高くなります。「会社にお金を払って仕事を得る」ことにも慣れていきます。それでやっと登録インストラクターになれてもレギュラークラスを持つことは厳しく、運よく担当できても集客が少ないことの責任を負わされてクラスが終了になったりします。そんなことを繰り返すうちに、仕事がもらえれば待遇の悪さには目をつむるという考えになっていきます。

●ユニオンの結成まで

私はインストラクターの労働条件に疑問を感じていました。会社とインストラクターの関係は組織と個人で、組織の意見に従わないと個人は仕事を失うかもしれない。個人事業主とされて労働者として法律にも守られない。そんな条件下で働く同僚たちはどう思っているのだろう？　と何人かに相談をしました。また、ちょうどその頃に同様の働き方の講師業の人たちがユニオンを立ち上げて活動していることを新聞記事で知りました。

同僚の一人は労働委員会に相談に行きました。初回の担当者が「あなたたちは労働者だ」「二人以上集まれば労働組合はつくれる」と労働組合法の本を手渡しました。本の通りに準備を進め、新聞記事で見つけたユニオンを訪ねて実体験を聞き、本当に二人からスタートし、三人、四人と地道に組合員を増やしました。一方で「会社が怖いから入らない」「インストラクターの働き方はこんなもの」と賛同してもらえないこともたくさんありました。その後に再び労働委員会を訪ねて「労働組合をつくりました！」と言ったときは、「えっ？　本当につくったの？　誰がそんなこと言ったの？　弁護士もついてないでしょ？　自分たちでやるのは大変だよ。本当に大丈夫？」と言われました。私たちの働き方が世間に知られていないので、担当者によっても考え方の違いがあるようでしたが、こうしてヨギーインストラクターユニオンが誕生しました。

●ユニオンのささやかな成果、そしてこれからの目標

活動をはじめて短い期間のなかで小さな成果もありました。

これまでは会社都合による店舗休業日などが直前に伝えられていましたが、ユニオンが三か月前の告知を要求したところ、早めに発表があるようになりました。私たちがレギュラークラスを休む場合は二か月半前に申請が必要なのに、会社側の休業が直前の告知ではフェアではありません。私たちは休業日で空いた時間に代行などの仕事もします。

また不定期にあるイベントクラスの依頼がある際に、実施の時間帯や報酬額が曖昧なまま企画が進められることがありましたが、事前に覚書などを交わすように改善されました。

ユニオンを結成したことで、私たち自身が労働法に無知だったことを痛感しました。自分たちの働き方は労働者性があり、私たちは「労働基準法上の労働者である」ことも、弁護士から説明を受けて理解しました。会社も初めての労働組合対応なので、法律の話題になると「労働者性について説明した文章が欲しい」などと言ってきます。ユニオンとともに会社も法律の理解を深めてインストラクターが働きやすい会社となり、それが利用客の満足度につながっていくことを私たちは望んでいます。

ブラック企業の「裏ノウハウ」に利用されるオーナー制度
——クリーニング業界に広がる取次営業契約

NPO法人クリーニング・カスタマーズサポート代表
鈴木《すずき》 和幸《かずゆき》

私は、福島県で約一四〇人の従業員を持つクリーニング工場を経営しています。祖父が創業してからちょうど一〇〇年。三代目の社長です。クリーニング業界には、たくさんの問題が山積しており、消費者問題、業界問題、労働問題の解決のためにNPOを立ち上げました。

●クリーニング業の歴史

日本では昔から「洗い張り」という特殊な技術がありましたが、現在のドライクリーニングは、日本人の服装が西洋化した明治後期から普及しはじめました。西洋から入港する大型船にクリーニング設備があり、それが横浜、神戸などの港から国内に伝わったそうです。当時は職人仕事で親方のもとに丁稚《でっち》奉公して、住むところと食事を与えられる代わりに労務を提供し、最後は独立するという関係でした。弟子が独立するときに親方は、高価な洗濯機を弟子に貸し出しました。

戦後、一九五〇年にクリーニング業法ができます。南洋からの復員兵に職をつけさせるためにクリーニング業が積極的に紹介されたようです。一九五七年に「生衛法」（生活衛生関係営業の運営の適正化及び振興に関する法律）ができ、銭湯、理容、飲食、旅館、洗濯などの生活に密着した業界で過当競争が起きないように立地や価格が規制されるようになります。六〇年代以降、洗濯機、乾燥機、仕上げ機などの技術革新が進みます。それまではアイロン主体の手作業で、ベテラン職人でもワイシャツの作業は一時間一〇枚程度でした。それが素人のパートでも一時間に一〇〇枚以上処理できるようになりました。すると大手企業が参入してきます。工場の周囲に数十の取次店を開いて顧客の洗濯物を取り次ぐ方式です。現在のクリーニング市場は大手が八～九割を占めています。

しかし生衛法は零細業者が中心だった時代に、彼らを対象にしてできた法律です。全国クリーニング生活衛生同業組合連合会（全ク連）は市場シェアの一割程度しかない零細事業者ばかりの団体ですから、大手には規制や行政の監視がほとんど届かず、激しい低価格競争が繰り広げられます。そして一九九〇年代以降、とくに地方都市で駅前の商店街がすたれ、郊外のショッピングモールが発達するようになると、取次店もこうしたスーパーに入るようになります。これらの大型店は、営業時間も長く年中無休です。低価格競争に勝ちぬくために人件費を抑えたい会社のなかから、悪質な脱法行為を考えるところが出てきました。

●クリーニング業にはびこる無数の労働問題

このように、丁稚制度からはじまり急速に大型化した業界なので、労働条件の整備について業界全体の意識が希薄で、法律もそれに追いついていません。そのことがクリーニング業界に悪質な労働問題が横行する土壌になっています。

クリーニング業界の生産性を表す基準に「人時生産率」があります。工場のなかで一人が一時間に何枚仕上げられるかという数値です（一日一〇〇〇着の服を五人で八時間かけて処理した場合、一〇〇〇÷五÷八＝二五となる）。日本では二〇～二五ぐらいが平均ですが、悪質な会社だとこの数値が三八などという、あり得ない目標値を掲げることもあります。

私たちのＮＰＯに寄せられた相談を紹介すると、工場に早朝五時に出勤して二二時過ぎの退社は当たり前です。ある人のタイムカードには、日付が変わった二時二七分に退社し、その日の朝五時四一分に出社という記録もありました。聞いてみると工場で三時間ほど寝ただけでした。

店舗のパート労働者に対しても、一人勤務ではこなせない受付量があるのに、一人が残業して二人体制で勤務した場合、時間当たりの受付が一定額を超えないと一人分の残業代も出さないというところもありましたし、店舗のレジがオンラインで会社につながり、それがタイムカードを兼ねることになっているので、開店前・閉店後の実労働時間が記録されないといった不正もありました。会社の方でデータが改ざんされる可能性も残ります。

これらは、会社に雇用された正社員やパート社員のあいだで起こっていた問題です。

●労働基準法逃れの「オーナー制」

ここからが「オーナー制」の話です。クリーニング会社は一つの工場の周囲に一〇～二〇程度の直営店を持ちます。各直営店は営業時間が長いので、一人で最初から最後まではできず、交代制にしないと労働基準法違反になる場合があります。大手企業が、労働基準法の規制から免れるために採用したのが「オーナー制」です。ある会社の「取次営業契約書」をもとに、その契約内容を紹介しましょう。

▼契約は、会社と個人（オーナー）との業務委託契約で、会社の指定する出先店舗で取次業務を行う。会社は売上げの一定料率で手数料を払う。

▼契約期間は三年間。過去数年の売り上げが向上していれば契約延長となる。定年は六〇歳。

▼店舗や備品は会社の所有で、家賃、光熱費、レジ経費、販売促進費などは会社の負担。

▼オーナーは、店舗・備品の損害補償金として五〇万円を会社に「預託」（解約時に返金）。オーナーが雇う店員の賃金、営業経費、出勤の交通費、有線放送やモップのリース料はオーナー負担。

▼店舗内での火災、盗難、紛失などはオーナーの責任。オーナーには賠償のための保険が義務付けられ、これらの費用を会社が委託手数料から控除する。

これは一例にすぎませんが、クリーニング業界ではこのようなオーナー制度を採り入れる会社が増えています。コンビニ・オーナーと似ている面もありますが（ただしコンビニは夫婦でないと契約できない。また店舗はオーナーの所有）、寡占化がすすんだことで契約内容やマニュアルが整えられてきているコンビニに比べると、制度の歴史が浅く、会社ごとに契約内容・条件が違ううえに、会社側にも経験が蓄積されていません。この制度の発足当初は、会社が優秀な店員に対してオーナーになるよう勧めるとか、意欲的な店員が月給以上の収入を期待してみずからオーナーになるケースがほとんどでした。健全な方法でオーナー制を運営している会社もありますし、私自身もオーナー制を頭から否定するつもりはありません。

しかし最近は、最初から高収入が期待できるかのような宣伝文句で求人サイトにオーナーを募集することが目立つようになり、クリーニング業界のキャリアがほとんどない人がオーナーになることも増えて、トラブルが続出しています。当NPOに寄せられた声を紹介しますと「広告通りの収入がなかった。普通にパートで働いた方がマシ」「紛失品を自腹で弁償させられた」「人が集まらず、休みがほとんどない。毎日遅くまで働かされる」「毎月会社の会議に出席させられ、成績が悪いと罵倒される」「契約期間は辞められない」といった不満です。

こうしたトラブルの原因のひとつに、オーナーの募集にあたって必要な説明がなされておらず、バラ色の宣伝文句で募集されているという問題があります。オーナー制の説明資料には「年間売上二〇〇〇万円」という事例が紹介されますが、二〇〇〇万円を売り上げられる店舗はごくひとにぎりです。クリーニングにも繁忙期と閑散期があり、繁忙期には一人で回すことは不可能です。二～三人を雇わなければなりませんが、彼らに給与を払えば、オーナーの手取りは減ります。ある会社のオーナー募集案内には「最低保証三四万円」などと説明されていますが、それは誰も雇わないときの計算例です。オーナーも週休二日、一日八時間労働になるように人を雇えば、オーナーの実収入は一一万円程度で、最低賃金すら保証されません。人を雇えなければ、それはオーナー自身が休みもなく長時間働く以外にありません。契約期間中に解約すると厳しい違約金が課せられるため、なかなか辞められません。家庭の主婦やシングルマザーがオーナーになっているケースも多く、契約などに慣れていない人が大変な目にあっているのです。

●オーナーの労働者性は明らか

それでは「オーナー」は店舗経営者なので、労働法が適用される労働者ではないのでしょうか。労働法によれば労務提供の形態が「指揮監督下の労働」であるかどうか、報酬が提供された労務に対するものであるか否かで判断され、「指揮監督下」の判断基準として、仕事の諾否の自由、業務遂行方法に対する指揮命令、場所・時間の拘束性、代替性の有無などがあげられます。こうした基準に沿って、オーナーがどのような状況で仕事をしているか見てみます。

▼オーナーは会社と契約して営業を行う。
▼営業方法やノウハウはすべて会社が指導し、他から習うことはない。
▼屋号はかならず会社が決め、オーナーが決めることはできない。
▼営業時間、休日、受付方法、価格など、すべて会社が決める。
▼店舗は会社が所有しているか、会社が第三者から借り受けたものである。
▼宣伝、セール、販売企画などもすべて会社が決定し、オーナーはそれに従う。
▼一般の従業員と同じように会議に出席させられ、ノルマを与えられる。

このように、オーナーはすべて会社の方針に従い、明らかに会社に従属した存在です。交代要員を月に数日派遣する会社もありますが、ずっとオーナー任せにして一人で働かせているところもあります。会社はオーナーのことを「取引先」と呼びますが、独立した事業主とは言えません。労働法が適用される可能性が極めて高いと言えます。オーナーを好きなように扱って、労働法の適用を受けないということはありえないでしょう。また、あくまで「取引先」だと強弁するにしても、それで会社の責任は逃れられません。独占禁止法の「優越的地位の濫用」では、弱い立場の相手に対して、地位を利用して正常な商慣習に照らし不利益を与える行為を禁止しています。まったく休ませないような契約などは優越的地位の濫用と言えるでしょう。

●オーナーも労働組合に

こうした問題を解決するために、何が必要でしょうか。全ク連という業界団体が従業員を雇っていない零細業者ばかりなので、労働者の労働条件のことに無知・無関心だという問題があります。私が業界団体でこの問題を訴えても「余計なことを言うな」というような扱いを受けることがほとんどです。こうした業界自身の改革が必要です。そして生衛法という法律が、大企業は存在しない、零細・個人事業者中心の時代のものですから、これを実効あるものにすることも必要です。

同時に労働者の啓蒙も大事だと思います。情報を伝えて、オーナーであっても労働基準法を適用させてゆく運動が大事です。ＮＰＯ設立当初にある会社の労働問題への対応のために、労働問題に詳しい弁護士に相談に行きました。その弁護士から労働組合を紹介されました。私は会社経営者ですから、当初は労働組合に警戒心がありました。しかし経営者でも違法行為を重ねて儲けることはできません。労働組合のみなさんと真剣に話し合うなかで労働組合への共鳴が広がり、一緒に行動できるようになりました。

●「クリーニング業界のクリーニング」をめざす

今回は労働問題を中心に報告しましたが、クリーニング業界全体にモラル低下が起こっており、消費者向けの問題もたくさんあります。たとえば以下のような問題です。

▼石油系溶剤使用――引火性が高いので工業用地以外での使用が建築基準法で禁止されていますが、住宅地でこれを使用している工場が摘発されました。現在も全体の四割強の業者が違法操業している有り様です。

▼シミ抜き――本来は洗濯料金に入る費用ですが、受付時にシミを発見すると、シミがとれるかわからない店員が勝手にシミ抜き料金を徴収してしまう問題です。

▼保管クリーニング――洗濯したあと来年の使用季節まで保管するのでタンス代わりになるというサービスですが、洗濯せずに長期間放置して、返却直前に洗濯していることもあります。

▼虚偽の宣伝――「当社のクリーニング品は、バイオ活性化で遠赤外線を放ち、体の血液と細胞が活性化されます」といった怪しげな宣伝で集客する業者もあります。

私たちはこうした問題にも取り組んで、業界全体の健全化を目指しています。

長時間労働・低賃金のスキームとしての業務委託契約

――美容師・理容師の働き方と今後の運動

首都圏青年ユニオン委員長　原田《はらだ》　仁希《にき》

●はじめに

首都圏青年ユニオンでは、二〇〇八年に首都圏で一二〇店舗以上の美容室を展開する株式会社アッシュで働く美容師の違法な働かせ方を是正する争議を起こしました。当時のアッシュでは、一日一六時間を超える長時間労働や残業代未払い、不当な天引きなど、違法行為が蔓延していました。美容師たちの年収は二〇〇万円ほどで、長時間労働のあまり家に帰れず、漫画喫茶や美容室の床で寝るという生活でした。アッシュ争議は、美容師の過酷な労働実態を告発するものとしてメディアなどでも大きく取り上げられ、その後も、美容師の労働問題解決に尽力してきました。

アッシュ争議から一〇年あまりが経過し、美容師の働き方は大きく変化しています。その大きな特徴のひとつが業務委託契約で働く美容師の増加です。しかし、その実態は労働者を保護するための労働諸法を脱法的に逃れるためのものでしかなく、美容師の働き方は改善されるどころか、劣悪な働き方が温存されているといえます。

●美容師・理容師の徒弟制度的な働き方

首都圏青年ユニオンでは、現在、「美容師・理容師ユニオン」という分会をつくり活動しています。美容師と理容師ではそもそも資格として異なり、また事業体の規模などでも若干の違いが見られますが、美容師と理容師の働き方は非常に似ており、両方を対象にするため「美容師・理容師ユニオン」と名乗っています。

美容師や理容師というと、一人前になるまでは徒弟制度的な働き方をしているという印象があるのではないでしょうか。多くの美容師・理容師は専門学校を卒業し資格を取得したからといって、すぐにお客さんの施術《せじゅつ》を行えるわけではありません。まずは、受付・掃除・電話対応・洗濯・チラシ配りなど、カットやシェービングなどの施術における周辺的業務や雑務などからはじまります。そして、営業時間終了後に、シャンプーやカットやシェービングの練習を行います。練習は通常営業終了後に行うため、深夜まで続くうえ、休日の練習もあります。この練習は自主的なものではなく事実上の強制であり、都合のよい時に自由に練習するというものではありません。深夜まで「練習」をさせられ、誰よりも早くに出勤し、開店の準備をさせられる。家は寝に帰る場所であり、プライベートの時間は取れない。残業代は出ない――アッシュ争議はまさにこれが問題になったのでした。このような働き方に耐えられず、多くの美容師・理容師は一人前のスタイリストになる前に離職をしてしまうのです。

一方、下積みを経て、晴れてスタイリストになったとしても長時間労働は解消されません。今度は、後輩の指導をするために営業時間後も働かなければならないからです。一人前のスタイリストになったとしても、新しい人材が定着せず、結局、店の雑務からは解放されず、早朝から深夜まで働き詰めということもあります。

ここで裁判にまでいたったメンズカットリーダー事件を紹介します。メンズカットリーダーは東京都稲城市で数店舗を展開する理容室です。ここで働いていた理容師は給与明細もなく社会保険にも未加入の上、寮費などに加えて積立金と称した給料からの天引きがあり、手元に残るお金は数万円程度でした。経営者は「東京で働ける」ことを謳《うた》い文句として、九州や東北の高校などに求人をかけていました。高校卒業直後であれば、社会常識や労働法の知識が不十分であると認識しながら、搾取をしやすい対象として求人をかけていたのです。メンズカットリーダーで働いていた男性理容師Sさんは、朝八時半から深夜の二三時半まで長時間働き、月に二日しか休みがありません。それだけ働いて手元に残るお金は三〜五万円程度でした。メンズカットリーダーでは究極の徒弟制のような状況で、社長は絶対的存在です。また、高卒で地方から東京にきたSさんは、時間もお金もなく、遊んだり外出したりすることもできず、社会と接点をもつことができず、働き方のおかしさに気づくことなく、一五年以上もの間メンズカットリーダーで働いていました。メンズカットリーダー事件は裁判を経て、一定の不払い金を払わせることで決着しました。メンズカットリーダー事件は少々極端な例ですが、徒弟制的労務管理はいまだに業界に存在するのです。

●労務管理の変化——固定残業代制度の蔓延

とはいえ、あからさまな徒弟制的労務管理がなくなりつつあるのが現状です。美容師・理容師の世界も世の中の流れとともに、旧態依然とした労務管理から変化しています。しかし、その変化というものは、長時間労働と低賃金を温存しながら変化するものでしかありませんでした。

徒弟制的労務管理の名残なのか、残業代を払うという感覚は使用者にはありません。労働者側も残業代が出ないことに対して「そういう業界だから」と諦め、納得させられていました。しかし、長時間労働が非難され、多くの労働者が未払い残業代を請求するようになると、当然美容師・理容師のなかからも未払い残業代を請求する人たちが出てきます。

美容師・理容師ユニオンに寄せられる相談の多くが未払い残業代に関するものです。「休憩が取れない」「業務が深夜にまで及ぶ」「準備・後片付けの時間に賃金が出ない」など当たり前のように、様ざまな形で未払いが発生しており、そのことが認識されるようになっています。未払い残業代を請求する人が増えると、今度はそれに対して対策が取られるようになります。それが「固定残業代制度」です。現在、美容師・理容師として働く者のほとんどが、あらかじめ残業代は払われているとされる固定残業代制度が導入される賃金体系となっています。固定残業代の有効・無効については多くの判例がありますが、固定残業代制度を有効に運用する場合には、①固定残業代制度に対する合意が明確にあること、②基本給と固定部分が明確に区別されていること、③固定超過部分の残業代を支払うこと、などの要件が必要とされています。しかし、ほとんどの場合、これらの要件が満たされず固定残業代制度が運用されているのが実情です。それどころか、固定残業代制度の前提となるはずの労働時間の管理がなされていません。そもそも労働時間管理がされていないために、何時間残業しているのかがわからないケースがほとんどです。「固定」で残業代を設定させることで、何十時間働いても残業代は「固定」という仕組みになっているのです。

このような形で、事実上の働かせ放題が蔓延しており、しかも、固定残業代を入れる代わりに基本給が低く抑えられています。時給換算にすると、最低賃金付近であることは珍しくありません。このような固定残業代のスキームによって美容師・理容師業界では低賃金と長時間労働が温存されているのです。

●業務委託美容師の拡大とその問題

固定残業代に続き、長時間労働・低賃金のスキームのひとつとして、業務委託美容師が拡大しています。最近は、美容師からの労働相談のほとんどは業務委託契約で働く美容師からのもので、業務委託契約の美容師はここ最近で急増しているように感じます。実際に美容師たちの間では、三人に一人は業務委託契約で働いていると言われています。なぜ、これほどまでに業務委託契約が美容師業界に広がっているのでしょうか。

使用者側の事情が第一にあります。業務委託契約にすることでの使用者側の最大のメリットは、労働基準法や労働契約法などの労働者保護法を適用しなくてよいことです。労働契約であれば支払わなければならない深夜や時間外の割増賃金を支払う必要はなくなります。また、社会保険に加入させる必要もありません。さらに、業務委託契約であれば当然、契約期間が定められることになり、期間満了になれば、簡単に辞めさせることもできます。一方、労働者側にとってはたまったものではありません。先人たちの血のにじむような努力で勝ち取ってきた労働諸法が、業務委託契約という形にするだけでまったく無意味なものになってしまうのですから。

先日、美容師・理容師ユニオンに美容室E社で働く四人の美容師たちから相談がありました。おもな相談内容は、業務委託契約で働いていたところ、突然、契約を一方的に解除され、その上一〇〇万円以上の損害賠償の請求をされているというものでした。業務委託契約であろうと契約は一方的に解除することはできないことから、違法性が高いものでした。また、話をよく聞いてみると実態は業務委託契約ではなく労働契約そのものでした。

業務委託契約と労働契約の違いは、使用従属性があるかどうかが判断基準とされています。これまでの裁判例からは、①業務の応諾の義務があるかどうか、②場所的・時間的拘束の程度、③業務遂行における業務指示の程度、④専属性があるかどうか、⑤報酬への労務対償性があるかどうか、などがポイントとされています。これらのポイントを総合的に考慮し、使用従属性が判断されるわけですが、この間急増している美容師の業務委託契約はそのほとんどが使用従属性が高く、実態としては労働契約であるものばかりです。先ほどのE社を例に紹介しましょう。

業務委託であれば労働時間も自由だと思われがちですが、E社では一二時間勤務と決められており、遅刻をすると罰金を課される制度もありました。報酬は歩合制でしたが、施術料金は会社が決めており、キャンペーンなどで会社が勝手に料金を操作することで、報酬を左右することができました。また、会議の出席が義務づけられたり、メッセージアプリを通じて常日頃から業務指示を受けたりしていました。カットは三〇分、カラーは一時間など、施術時間についても決められ、それに対して応諾の自由はなく、裁量をもって業務を遂行しているとは到底言えない状態でした。

美容師たちが特に不満をもったのは、E社では美容師一人に対して、常に二人のお客さんの対応をするように予約を入れられていたことです。このことにより過密労働を強いられ、昼食休憩をとることもままならない状況で、一二時間もの間働かされていたのです。美容師の一人は長時間過密労働のあまり、精神疾患を患い、退職を余儀なくされました。他の美容師も社長に対して「こんな働き方は業務委託じゃない」と不満をぶつけるようになります。これに対し、会社は不満を言う美容師たちの契約を一方的に解除したのでした。

ユニオンに加入した美容師たちは一方的な契約解除を撤回させるために、また正当な報酬の支払いを求め団体交渉を申し入れました。なんと会社は業務委託契約であることを理由に、団体交渉の応諾義務はないとして交渉を拒否したのです。その後は、メディアやSNSでE社の実態を告発することで、E社を交渉の席に引っ張り出し、最終的には当事者たちの納得のいく形での金銭和解が勝ち取れました。

E社は形式的には業務委託契約としながら、実態は労働契約である典型的な例ですが、業務委託美容師からの相談を受けている感触からは、E社に限らず、一〇〇パーセントと言っていいほどに実態は労働契約です。また、労働契約であればよっぽどのことでないと労働者に損害賠償を請求するということはありませんが、業務委託美容師からの相談内容の一位はダントツで損害賠償問題です。業務委託契約は不当な損害賠償が発生しやすい契約形態なのです。

●美容師・理容師業界における労働運動

以上のように、美容師・理容師業界では労務管理方法に変化が起きており、その一環として業務委託契約が拡大しています。それは低賃金・長時間労働を温存する目的でしかなく、また、労働法制の規制を脱法的に免れるものでしかありません。これは美容師・理容師業界に限ったことではないように思われます。業務委託など「雇用によらない働き方」は様ざまな職種や産業に広がっており、「自由な働き方」というのは名ばかりで、実態は低賃金・長時間かつ契約をいつ切られるかわからない不安定な働き方です。

ただ、美容師・理容師のなかでは、労働契約よりも業務委託契約の方がよいと考えている人が多いのも現実です。そもそも労働契約であったとしても低賃金・長時間労働であり、残業代が支払われる保障もなく、どれだけ働いても低処遇よりは、歩合制で働いた分だけ稼げる業務委託の方がまだマシだと考えてしまうのです。このような考えが広がっている以上、単に業務委託契約をなくしていくという運動だけでは不十分でしょう。業務委託契約をより働き手にとって自由かつ適正なものにしていく運動も必要でしょう。そのために業務委託契約そのものの規制を求める方向でのたたかい、そして同時に労働契約の領域での長時間低賃金労働の改善をはかっていくたたかい――そのような両輪の運動を展開することが今後求められていると思っています。

「二四時間」でも「時短営業」でも苦しいコンビニエンス

――フランチャイズ・オーナーの叫び

コンビニ加盟店ユニオン執行委員長
酒井《さかい》　孝典《たかのり》

●覆された「労働者性」

私たちコンビニ加盟店ユニオンは、連合岡山傘下で「ふれあいユニオン」に所属する組織です。二〇〇九年に連合岡山から、組織に組み込まれた事業者でも、労働組合法上の保護が必要だということで、加盟を認めていただきました。

私たちは事業者であって労働者ではないので、労働基準法の保護は受けられません。私たちが得られるのは労働組合法上の労働組合としての権利だけです。それは、団結権、団体交渉権、一部の争議権です。法的な拘束力をもった話し合いは、この労働組合法でしか担保されません。事業法にもとづいても話し合いは持てますが、法的な拘束力がなにもありません。

私たちは権利を獲得するために労働委員会に判断を委ねました。労働組合法上の労働者性の判断の基準とされるのは、二〇一一年七月に出された「労使関係法研究会」の報告書です。そのなかでは次の六つの判断基準が決められています。
①事業組織への組み入れ
②契約内容の一方的・定型的決定
③報酬の労務対価性
④事業の依頼に応ずべき関係
⑤広い意味での指揮監督下の労務提供、一定の時間的場所的拘束
⑥顕著な事業者性

東京都労委と岡山地労委では、この労使関係法研究会の基準にもとづき、労組法上の労働者性が認められました。しかし、中央労働委員会はこれを覆し、「労働契約に類する契約によって労務を提供しているか」という判断基準を付け加えました。私たちはこれを不当な判断として、行政訴訟を起こしています。

いま、フリーランス（個人事業主）という働き方が増えています。私たちに労組法上の労働者性が認められなければ、こういう人たちも救済されなくなってしまいます。

●直営店と較べると……

コンビニエンスには、フランチャイズと直営店とがあります。コンビニ業界全体では九対一ぐらいだと思います。直営店の場合は、店長は正社員です。正社員であれば八時間以上働けば残業手当が出ます。労働時間の上限も規制されます。社会保険も半額負担されます。しかし私たちは個人事

業主ですからそうした保障はありません。多くが、国民年金、国民健康保険になります。ほかに店内の商品が地震とか停電などで事故にあったときの損害保険もあり、加入している事業者も多いと思いますが、災害特約までつけられる事業者は少数でしょう。今回の新型コロナ感染症などで災害を受けてしまった場合などは、その特約も対象外で、基本的にはオーナーの自己負担になります。

昨年三月に東京労働局が、東京のコンビニ事業所を調査したところ、九五・五％の事業所で何らかの労基法違反があったという結果を発表しました。そのなかの直営店の分を引くと、フランチャイズではほぼ一〇〇％、何らかの違法行為が起こっているでしょう。一番多いのは、夜勤の一人勤務です。一人勤務の場合は休憩が取れません。私の店でも夜勤のシフトは〇時～六時になりますが、労基法では六時間以上の勤務者に四五分の休憩を与えることが義務づけられています。一人勤務の場合は、お客さんが途切れたときに椅子に座る程度で、次のお客さんが来れば対応しなければなりませんから、労基法で定める「休憩」にはなりません。しかし多くの加盟店は夜勤で二人を常駐させると、経営が大変で成り立ちません。

深夜勤務をする人には年二回の健康診断が義務付けられていますが、これもほとんどできていないと思います。費用の問題もそうですが、昼も別の事業所で働くフリーターやダブルワークの人が多いので、本人の都合で、健康診断に行く時間がないというケースもあります。

●「時短営業」には新たな問題もある

次に本部による拘束・縛りに話を進めます。店内のレイアウトや商品の陳列方法まで本部から詳細な指示があると言われていますが、これはチェーンによって違います。セブン・イレブンは縛りが強いと言われています。これは本部の考え方があるのでしょう。どこの店に入っても同じ場所に同じ商品があるということで顧客に安心感を与えたいようです。ファミリーマートは、店の立地や地域による裁量がある程度は認められています。標準的な棚割はありますが、どういう理由で独自の棚割をしているのかを説明できて、それが理に適《かな》っていれば認められています。

本部のオーナーに対する締め付けでは、何と言っても営業時間の問題です。二〇一九年に東大阪市のコンビニオーナー・松本実敏さんが、本部の反対を押し切って時短営業に踏み切ったことで、「二四時間営業」の問題が大きな社会問題になりました。その後、コンビニ業界は実験的にいくつかの店舗で「時短営業」に踏み切りました。将来的には二四時間営業かどうかは加盟店の判断に任せるという方向に、本部も舵《かじ》をきると思います。ファミリーマートでは、二〇一九年一〇月から二か月間、実証実験を行いました。その結果を加盟店にも公表し、そのデータに基づき、「二四時間」か「時短営業」か、あるいは「日曜日だけ時短営業」ということを加盟店の判断に任せると社長が発言しています。

しかし、これは社会から厳しい眼が注がれていることを、コンビニ本部がかわすためのアピールであり、時短営業に踏み切る加盟店はそう多くないと思います。

ファミリーマートやローソンは、セブン・イレブンに較べて、一店舗一日当たりの平均売上げが一〇万円以上低いと言われます（二〇一八年の決算資料によると、セブン・イレブンが六五・一万円、ローソン五三・一万円、ファミリーマート五三・〇万円）。ファミリーマートやローソンでは、人件費削減のため、多くのオーナーが夜勤に入っているので、深夜営業をやめても人件費が大きく減るわけではありません。逆に、閉店作業・開店作業で仕事が増えます。アルバイトの人に頼めば閉店後の作業や開店前準備のために、お客が来ないのに賃金を払うことになります。そして「二四時間営業」の場合は本部から奨励金が出ます。ファミリーマートは毎月一〇万円（自由に選べる六月以降は一二万円）、セブン・イレブンの場合はロイヤリティー（上納金）が二％下がるといった具合です。これがなくなることも考えると、時短営業はかえって利益を下げる可能性があるのです。いまでも経営が苦しいのに、時短営業でさらに立ちゆかなくなる店も出てくることが容易に想像できるため踏み切る加盟店は多くないと思います（時短自由化後のファミリーマートの実施率は約五・四％）。

●過労死すれすれのオーナー夫婦

コンビニでは、深刻な人手不足と、人件費を削るために、オーナー夫婦が長時間労働になっています。経済産業省の調査では、夫婦それぞれが、毎月二五〇時間程度は当たり前で、多い人では四〇〇時間以上働く人がいます。夫婦でそれだけ働いて、二人の収入が合わせて五〇〇万円以下が約半分、そのうちの一五％は二五〇万円以下です。これは本部へのロイヤリティやアルバイトの人件費などを引いたオーナー夫婦の実収入です。

私も昨年七月は三四〇時間、八月は四〇〇時間働きました。私の店の昨年の損益計算書によると、年間収入が二九五万円です。ここから本部が認めない交通費を払い、頑張った従業員にクオカードを差し上げたり健康保険料を払ったりしますから、実際の私の収入は二六〇万円ぐらいです。私の家は市民税の免除対象になりました。これがコンビニオーナーの労働時間であり収入の実態です。なかには借金をかかえて経営している加盟店もありますし、自殺、夜逃げ、自己破産を考えているという声も聞きます。この現実がある以上、本部が「二四時間か時短営業かは加盟店の自由だ」といっても、時短営業には踏み切れない、問題解決にならないのがわかるでしょう。

●最低賃金引き上げは必要だが……

コンビニの将来を考えるうえで、みなさんに二つのことを伝えたいと思います。

第一に、最低賃金引き上げの影響です。与野党とも時給一〇〇〇円とか一五〇〇円などを主張しています。単身者一人の生活費は二三万円ぐらいなので、過労死しない程度の労働時間でそれがまかなえるようにするには、一八〇〇円ぐらいにすべきだと、私も思います。

しかし私の店もそうなのですが、コンビニ従業員には、主婦など扶養家族になっている方が非常に多く、時給を上げると労働時間を減らさなければなりません。一〇三万円（所得税が発生）、一三〇万円（扶養家族から除外）という「壁」があり、その収入を超えない範囲で働きたいという人が多く、公営住宅の場合は一家族の所得で家賃が決まるので、時給が上がると労働時間を減らすという人もいます。人手不足ですから、アルバイト従業員の労働時間が減るとその分だけオーナーの労働時間が増えるという結果になります。こういう問題は、ユニオンの運動だけでは解決できません。扶養家族控除のあり方をどうするかという税金や社会保障全体の問題として考えなければならないのです。

●コンビニの社会的公共的機能

第二に、コンビニはいまや社会の重要な公共的機能の一翼を担うようになっているということです。各種税金の払い込みもできますし、住基カードがあれば印鑑証明や住民票もとれます。認知症高齢者の通報窓口にもなり、災害時には「指定公共機関」にもなります。企業イメージを高めるために本部はこうした取り組みに熱心なのですが、各店舗に事前連絡なしに、本部と自治体が包括契約を結んで決めてしまい、そのサービスのための負担は零細業者であるコンビニ加盟店が負うことになっています。税金の払い込みや印鑑証明などをコンビニに任せて、役場の出張所を閉鎖するところもあります。税金で行うべき公的サービスを減らして、零細業者である加盟店に一件二〇～五〇円の手数料でやらせるわけです（その手数料にもロイヤリティがかかるので、加盟店に入るのは約半分ぐらいです）。これでは人件費も出せません。このようにコンビニが重要な生活基盤や公共的機能を担っているのに、サービス導入の話し合いに加盟店は参加できません。コンビニ店舗が立ちゆかなくなり閉店すれば、結局住民は遠くの本庁舎まで用を足しにいかねばなりません。

●政治の問題として対応を

以上のことからわかるように、コンビニをとりまく問題は深刻ですが、コンビニ間でも競争がありますから、一社だけの判断では動けない問題がたくさんあります。

日本には私たちを守る省庁がありません。経済産業省は大企業が相手ですから個々の加盟店には目が届きません。零細事業者には中小企業庁がありますが、コンビニ加盟店のことは対応できません。そして本部と加盟店は雇用関係ではないので厚生労働省も管轄外ということで、フランチャイズを担当する官庁がないのです。だから本部が好き放題にできるのです。こうした行政の隙き間を埋める「事業労働者（雇用に依らない働き方対応）庁」のようなものが必要ではないでしょうか。コンビニオーナーであっても、個人事業者であっても、ブラックな働き方をしている人であっても、その人たちが普通に生活できる権利はあるはずです。

法律や政治は、本来そういう人たちを守るためにあるのではないでしょうか。我われフランチャイズ事業者や雇用によらない働き方をしているフリーランスの方がたも普通の生活ができるように、世論への訴えと、ロビー活動を続けていきたいと思います。

このように、私たちは、コンビニ本部を批判するだけでは解決せず、法整備や監督官庁の明確化など政治の問題としてとらえています。最近は国会議員へのロビー活動を強化して、「四〇年間政治が何もしてこなかったのは問題ですよ」と訴えています。

契約内容の一方的な不利益変更に泣かされる
――インターネット通販出店者の従属性

楽天ユニオン代表
勝又《かつまた》 勇輝《ゆうき》

●契約のしくみ

私たちは、インターネット上の通信販売（ＥＣ）モール「楽天市場」で契約している店舗です。楽天との間で手数料を支払って出店契約します。楽天は私たちのことを「契約企業」と呼んでいます。出店にあたっての月額手数料は「メガプラン」「スタンダードプラン」「がんばれ！ プラン」などいくつかのランクがあり、事業規模に応じて選ぶことになります。ヤフーやアマゾンなど他のＥＣモールに比べて集客数が多い分だけ、割高になっています。ほかに「エンパワーメント」という、アマゾンに対抗するためにつくられた公表されていないプランもあります。どの店がどのプランを使っているかはわからず、送料問題などで退店したいという店舗があると、公表されていない裏プラン（出店料は割安の代わりに、売れたときの手数料が高い）などを持ちかけて、引き留めることもあるそうです。楽天市場に出店している店舗は約五万店ですが、店舗数を維持するために、いろいろなプランを使っています。

これはあくまで出店料で、売り上げに対して五％程度のロイヤリティがかかります。以前は本体価格だけに課金されていましたが、その後送料を含めた額に、さらに消費税を含めた額に課金されるようになりました。これらはすべて楽天側からの一方的な契約変更です。

●中小企業等協同組合法による組合を目指す

私は、過去に楽天で出店していて、強制退店になったことがありました。仕入れ先のミスで自分の店に責任があったのではありません。問屋から自分たちの責任なので出店が継続できるよう嘆願書を出してもらったのですが、楽天の代理人弁護士から「退店通知書」が届いて強制退店となりました。他のモールでの販売も考えたのですが、楽天の売り上げがなくては生活できません。そこでいまの会社を立ち上げました。そうした過去の体験もあるのですが、「楽天ペイ」という決済システムが強要されてきたことで集団訴訟を考えました。

インターネットの掲示板で呼びかけたところ、その日のうちに六店舗が応じてくれました。居酒屋に集まって話し合うなかで、「取り締まる法律がないので、今後、何をしてくるかわからない。組合のような組織が必要だ」となり、組織の立ち上げに至りました。

そして、プラットフォーム事業の労働問題に詳しい弁護士に顧問をお願いし、まずは世論を変える必要があるということで、署名活動に取り組みました。要求項目は「三九八〇円以上の一律送料無料化」「アフィリエイト負担額の引き上げ」「楽天ペイの強制導入」「違約店舗への高額ペナルティ」の四項目です。続いて、顧問弁護士が、送料無料が独占禁止法に違反していることを明らかにし「措置請求書」を提出して、公正取引委員会（公取）への要請を行いました。公取でも受理され、二〇二〇年二月の東京地裁への緊急停止命令の申し立てにつながりました。

いま私たちは、中小企業等協同組合法にもとづく協同組合を目指しています。これも顧問弁護士からのアドバイスによるものです。この法律では「組合員の経済的地位の改善のための団体協約の締結」ができ、取引のある事業者は、その協約を締結するための交渉に「誠意をもってその交渉に応じる」ことが義務づけられています。楽天が応じない場合は、行政庁に対して斡旋・調停を申請することが可能です（同法第九条）。現在は、楽天出店者だけの団体ですが、今後はヤフーやアマゾンなど他のオンライン・プラットフォーマーと取引している全国の店舗が参加できるように定款《ていかん》も改正していく方向で、現在準備を進めています。

●出店者が苦しめられているかずかずの「手数料」

つぎに、私たちが署名活動で要求した内容について説明します。

まず「送料一律無料」についてです。楽天は二〇一九年七月に、三九八〇円以上の商品の送料無料化を店舗に強制することを決め、二〇二〇年三月一八日から実施する予定でした。送料無料の場合は店舗が負担します。いままでは無料ラインは各店舗が決められました。資力に余裕がある店舗なら負担できても、楽天に出店する大部分の零細店舗にとっては、死活問題です。もともと利幅の小さい商品の場合、送料と仕入れ原価の合計が商品代金を上回ることになり、売れば売るほど赤字になります。こうした商品が取り扱えなくなるとか、送料負担に耐えられない店舗が退店を余儀なくされることになります。商品価格に転嫁すれば、他のモールより割高になります。結局、楽天市場全体の魅力の低下、競争力低下につながるのではないでしょうか。

楽天は一律導入予定日直前の二〇二〇年三月五日に「延期」を表明しました。しかし「法的には問題ない」という姿勢を変えてはいません。それどころか、無料化を実施した出店者だけを優遇する措置を打ち出しました。無料化を拒む出店者は、新設する商品検索システムから排除されたりコンビニでの受け取りが不可能になったりするのです。出品者間を分断させるこうした報復措置を許すわけにはいきません。

次に「アフィリエイト負担額」の問題です。アフィリエイトというのは、インターネット上の成功報酬型広告で、パソコンユーザーの過去の検索履歴などをもとにユーザーの嗜好《しこう》を分析し、画面の一部に「あなたへのおすすめの商品」として表示されるものです。これは店舗の同意なしに楽天が勝手に行っているものです。このアフィリエイトを経由して入った注文には、売り上げの一部が手数料として引かれます。この手数料が一％から八％に引き上げられました（食品の場合）。「アフィリエイト手数料」は広告主に支払われるもので、さらにこの広告の「システム利用料」としてアフィリエイト手数料の三〇％が楽天から控除されます。つまり一万円の商品がアフィリエイト経由で売れた場合、八〇〇円＋二四〇円＝一〇四〇円が強制的に引かれます（これはアフィリエイトの控除であり、これとは別に通常の売り上げに応じたロイヤリティがあります）。

しかし店舗側には、どれだけの注文がアフィリエイト経由でくるかわかりませんから、あらかじめ価格に転嫁することはできません。事実、よく売れているのに赤字になっていて、楽天から届いた明細を見てみたらアフィリエイトが原因だったという声も聞いています。

つづいて「楽天ペイ」の強制導入です。これが導入されると楽天への手数料がさらに上がります。これまでお客さんが一万円の商品を購入して、銀行振り込みだった場合、決済には手数料はかかりませんでした。これがスマホ決済、ネット決済など「楽天ペイ」と呼ばれる決済方法や、ポイント払い、代引きなどになると、その金額の三％程度が決済手数料として取られます。楽天はこの「楽天ペイ」での支払いを強要してきました。店舗が同意しないと「今後契約が継続できない」「決済ができなくなる」などと言って切り替えを強要しています。これも公取から独占禁止法違反だと指摘されています。

「違約店舗への高額ペナルティ」というのは、この制度を利用した弱い者いじめです。最近ユニオンに寄せられた相談を紹介しましょう。衣服を販売している会社が、「裏地の柄がバーバリーの製品に似ているから商標権侵害になる」とされ、違約金が課せられました。しかし楽天グループに属する「楽天ファッション」も同じような商品を扱っています。この店舗は、第三者機関での調査もなく「似ている」というだけで、代理人弁護士から「通知書」が送りつけられ、三〇〇万円の罰金になり売り上げから強制的に「控除」されました。しかもこの三〇〇万円がバーバリーへの慰謝料などに使われるのではなく、まるまる楽天の利益になります。まさに「罰金ビジネス」です。

●まったく一方的な違反・退店命令

この違反に対するペナルティについては詳細な一覧表があり、「違反」内容ごとに違反ポイントが規定されています。

このなかには「当社が指定した楽天銀行以外の口座をユーザー振込先に指定すること」とあり、違反者には八〇点の違反ポイント（＝一四〇万円！）がつきます。以前はどの金融機関でもよかったのですが、二〇一四年一一月に、強制的に楽天銀行に指定してきました。ほかに「決済方法を限定すること」として「現金払いのみと指定すること」「カード決済を不可とすること」「現金特価と記載すること」なども違反とされます。楽天は楽天銀行に契約店舗ごとの口座をつくります。口座名義人は「楽天株式会社」で、そのなかに店舗名ごとに番号がついた口座が指定され、お客さんがまずその口座に入金し、毎月の支払日に楽天から、店舗に（控除額などを引いて）支払われます。これで楽天はキャッシュ・フローがよくなるのでしょう。

こうした罰金制度が詳細に定められており、違反ポイントがたまるごとに、一定期間の広告・ランキングの制限、検索表示順位ダウン、メルマガ利用停止、違約金という名の罰金……となります。この違約金に関わる相談や不満は、ユニオンにもたくさん寄せられています。

強制退店の場合も一方的です。まずメールが届きます。その店舗には「改装中」という表示が出て商品が買えないようになってしまいます。そして代理人弁護士名の通知書が届きます。しかし売り上げの清算は三か月後ですから、この間に資金ショートを起こし、倒産に追い込まれた店舗もありました。このほかに、月間売上額の〇・一％が「モールにおける取引の安全性・利便性向上のための利用料」というわけのわからない名目で課金されます。快適な店舗運営を提供するのはプラットフォームである楽天の義務であり、その費用は出店の基本料金に含まれるべきだとうのが、ユニオンの立場です。現在は低率でも、いつ引き上げてくるかわかりません。

●明らかな優越的地位の濫用

私たち楽天ユニオンが取り組んできた配送料や各種手数料、強制退店のことなどについて紹介してきました。これらを出店者の同意を得ないまま一方的に強行するのがいまの楽天の姿勢です。

「楽天市場出店規約」のなかの「規約の変更」（第二八条）の項は以下のようになっています。

「甲（楽天）は、必要と認めたときには、乙（出店者）へ予告なく本規約および本規約に付随する規約の内容を変更することができる。

二、本規約または本規約に付随する規約の変更については、甲が変更を通知（甲のサーバ内で乙がIDおよびパスワードでアクセスできる部分に掲示した場合を含む）した後において、乙が出店を継続した場合には、乙は新しい規約を承認したものとみなし、変更後の規約を適用する。」

このように店舗にとっては不利益になる変更でも、楽天市場で営業を続ける以上、変更を承認したとみなされます。こうした規約を盾に一律送料無料化などを押し付けてくるのは「優越的地位の濫用」であると考えています。

●プラットフォーム取引透明化法案への要望

こうした問題は、アマゾンやヤフーなど同業他社でも少なからず起こっています。アマゾン出店者からも、取扱商品が一方的に削除されたという情報が寄せられ、アマゾンでもユニオンをつくってほしいとの声も寄せられました。先に書いたように、他のＥＣモール出店者とともに活動できる団体をめざして現在準備中ですが、業界全体の問題として考えた場合には、法律や制度の整備が必要だと思います。

現在、「デジタル・プラットフォーマー取引透明化法案（仮）」が準備されており、楽天ユニオンでもパブリック・コメントを発表しました。私たちの基本的な立場は、つぎのとおりです。

「資本力に欠ける中小零細企業が参入するには、楽天などデジタル・プラットフォーマー（以下ＤＰＦ）に頼らざるを得ません。中小零細企業の魅力的な商品やサービスを揃えることで楽天などＤＰＦも消費者から支持を集めております。ＤＰＦと出店者（中小零細企業）は互いが必要とするイーコールパートナーであるべきです。」

こうした立場から、ＤＰＦの一方的規約変更に対する監督官庁や外部機関による監視や指導、直営店の優遇禁止、課金の上限設定、出店停止の際の明確化と調停機関の設置などを要求しました。この法律が、中小零細出店者の安定的な店舗運営につながり、出店者とＤＰＦの共存共栄の社会をつくる力になることを期待しています。

第二部・

「雇用によらない働き方」に国際基準で立ち向かう

脇田　滋

はじめに

フリーランス、自営業、個人事業主などと呼ばれる、請負や委託の契約による「雇用によらない働き方」が広がっています。

「同じ仕事なのに社員より賃金が低い」「残業手当がない」「労災でも保障がない」「労基署に相談したが、門前払いされた」「労働組合がない」……

——長く働いているといろいろと疑問や不満が生じ、「私たちの雇用はおかしい」とうすうす感じさせる働き方です。

現在、新型コロナウィルスの感染が拡大しています。政府の緊急事態宣言などでイベントが中止され、音楽、演劇、演芸など、実演家の人びとの仕事が次つぎになくなっています。しかし、これらの仕事の多くは、雇用によらない働き方で、休業の保障がありません。きわめて不安定で無権利な働き方であることがコロナウィルスによる経済危機のなかでより鮮明になってきました。

こうした「雇用によらない働き方」の問題点を考えてみます。

1 「労働者」概念と労働法の適用対象

(1)「労働者」の範囲を広く考える戦後労働法

第二次大戦直後に制定された日本国憲法(一九四七年施行)は、二七条(労働権、法定労働基準)、二八条(団結権、団体交渉権、団体行動権)で労働者の基本的人権を認めました。この憲法と時期を同じくして労働組合法(一九四五年制定、一九四九年改正)や労働基準法(一九四七年制定)が施行されたのです。当時、この労働関連の法律が適用される「労働者」の概念や範囲が大きな問題点でした。結局、労働基準法九条や労働組合法三条は、契約の形式にかかわらず、使用者の指揮命令を受けて働き、賃金によって生活する者を広く労働者とする「広い労働者概念」を採用しました。現在も、この広い労働者の概念定義は変わっていません。

この「労働法上の労働者」には、特徴が三点あります。一つは、請負、委託、準委任という契約形式にこだわらない点です。労働法が適用される労働者は、契約だけでは決まらないのです。二つ目は、働くときに使用者に従属する実態があれば、法的に労働者と判断して労働法を適用する点です。三つ目は、この労働者をできるだけ広く捉えて脱法的な使用者責任逃れを許さない点です。とくに労働組合法は、現に仕事についていない失業者なども労働者として広く法適用を認めたのです。

当時、大きな影響力のあった労働法学者、末弘厳太郎《すえひろいずたろう》博士は、「要するに食わんがために他人に使われているもの、従って放任しておくとこの法律が全般的に心配しているような搾取的弊害に陥り易いものはすべて労働者であると思えば間違いない」と指摘されています。

(2) 狭い労働者概念への後退＝一九八五年労働基準法研究会報告

ところが、日本が高度経済成長し、正社員として働く雇用慣行が形成され、労働や社会保険分野の法整備が進むなかで、使用者の責任や負担が増大します。すると、労働者の概念を狭く捉える考え方が台頭してきました。また、使用者責任を逃れる目的で「個人請負」を偽装する多様な脱法形態も広がるようになってきました。

そして、法的な労働者概念の再整理が必要となったという名目で、一九八五年、労働大臣の私的諮問機関であった「労働基準法研究会」が、労働基準法上の労働者性判定の基準について報告を提出しました（以下、一九八五年労基研報告）。その後、この労基研報告が、労働者概念についての労働行政による有権解釈の根拠となっています。同報告は、戦後の「広い労働者概念」に比べて、「狭い労働者概念」を提示しています。その要点は、①契約形式・合意にこだわらず、実態に基づいた労働者性判断を維持します。しかし、②特定企業の工場や事務所に就労する者（＝正社員）を労働者の典型と考えて、保護すべき労働者の範囲を狭く捉えること、③「契約形式を利用した使用者の責任逃れは許さない」という姿勢がきわめて弱いということです。

その結果、新たな労働者性判定基準では、工場・事務所の外で就労する者などは、労働者性が認められにくくなりました。戦後の労働者概念からの「逆行」です。現実には、濫用《らんよう》的な個人請負化が進み、使用者の責任逃れが広がる結果を生みました。当時、「規制緩和」の流れが強まり、非正規雇用（派遣労働、有期雇用など）が広がっていました。狭い労働者概念への後退は、労働法上の使用者責任逃れを容易にする点で、非正規雇用拡大と共通しています。明らかな労働法・労働行政の後退です。むしろ、使用者の法的責任の全面回避を認める個人請負化は、「究極の非正規雇用」と考えられます。

そして、労働委員会や裁判所で、「労働者性」が争われる事例が増えてきました。なかには、労働者概念を狭く捉える判例も見られる一方、労働組合法をめぐる問題で、最高裁が労働者概念を広く捉える積極的判断を下して大きな注目を浴びました（ＩＮＡＸ・メンテナンス事件と新国立劇場事件・最高裁二〇一一年四月一二日判決、ビクターサービスエンジニアリング事件・最高裁二〇一二年二月二一日判決）。これらの事例では、請負契約による就労者が労働組合を結成し、労働条件改善を求めて団体交渉を求めましたが、使用者が団交を拒否しました。長く困難なたたかいを経て、最高裁で最終的に画期的な勝訴判決を勝ち取ったのです。しかし、使用者を団交の席に着かせるだけで五～七年もかかり、労働側に過度な負担をかけることになりました。

他方、労働基準法上の労働者については、八五年労基研報告の狭い労働者概念にこだわる考え方も根強いのが現状です。これは、ＩＬＯをはじめとする世界の動向に逆行した遅れた考え方です。使用者の責任回避を許さない積極的な労働法の解釈論、さらに労働立法措置が必要となっています。

（3）非正規雇用を拡大し使用者の責任逃れを助長した労働法の規制緩和

日本政府は、一九八〇年代以降、労働法の規制緩和を進めました。従来の雇用政策は、正規雇用を前提にするものでしたが、多様な雇用形態という名目で、不安定で差別的な待遇の非正規雇用を容認する方向へ労働政策を大きく転換したのです。

とくに、一九八五年に制定された労働者派遣法は、それまで違法とされていた偽装請負を一部合法化し、派遣労働を適法化することになりました。これは、実際に指揮命令をして働かせる労働者についてては、雇用関係があるとして使用者責任を負担するという「直接雇用原則」を大きく修正したのです。中間に存在する派遣会社に雇用される形式（＝間接雇用）の派遣社員であれば、実際には、正社員と同一職場で同一業務を担当しても、使用者としての責任のかなりの部分を逃れることを容認したのです。この派遣労働という働かせ方が端的に示しているように、非正規雇用形態は、実際に労働者を指揮命令して働かせ、その労働提供によって最も利益を得る者が使用者としての責任を回避できるという点に本質的特徴があります。日本の使用者にとっては、非正規雇用は便利この上ない働かせ方です。つまり、日本の非正規雇用は、労働者にとっては、①雇用不安定、②差別待遇、③無権利、④団結困難という四つの特徴があります。

しかし、使用者側から見れば、①正社員なら一定の理由や手続きがなければ解雇できません。しかし、大部分の非正規雇用は有期雇用ですので、短期の契約期間が終了すれば、理由なしに雇い止め（＝解雇）が可能です。②同一の仕事をしても雇用管理が違うとか（パート、有期など）、雇用主が違う（派遣）という口実で差別的な待遇をしても違法とされません。③労働者が契約を通じて自由に選択した形態だからと、特別な規制がありません。④日本では、労働組合も企業別に正社員だけが加入する組織がほとんどで、非正規雇用は実際に働く職場で労働組合に加入していません。
最近では、非正規雇用労働者は、労働者全体の約四割を占めるまでに増加しました。非正規雇用が増えるなかで、労働者間の格差が拡大し、労働者全体の労働条件も大きく低下しているのです。

2 「雇用によらない働かせ方」の拡大

(1) 究極の使用者責任回避の「非雇用」政策

派遣労働の合法化など、政府が非正規雇用を容認したことは、労働法の基本原則を根底から崩す重大な方向転換でした。労働法は、労働を提供する関係で搾取的な被害を受ける者を救済するために、広い「労働者概念」を採用したはずです。この考え方とは逆に、使用者による法的な責任回避を許して、多くの就業者を労働法上の保護から排除することになるからです。

実際、実態としては労働者と変わらないのに、契約形式が請負や委託の就業者を個人事業主やフリーランスとして利用する「非雇用化」の労務管理が増えることになりました。こうした「非雇用」の類型としては、(ア)家内労働型、(イ)事業場外労働・外勤者型、(ウ)運転手型、(エ)一人派遣型、（オ）芸能関係者・スポーツ選手型、（カ）特殊技能制作者・一人親方型、（キ）研修生型、（ク）法令適用排除型などがあり、多様な職種に拡大しています。

高度経済成長のなかで、労働関連の法律、さらに社会保険法が整備され、労働者については、雇用する使用者に多くの法的責任や経済的負担が課されることになりました。企業は、こうした責任を逃れるために、使用者責任をまったく負わなくても済む個人請負形式による「非雇用」の形を利用しようとしたのです。経済的な負担能力が乏しい中小・零細企業だけでなく大企業を含めて、この「非雇用」政策を強めたのです。

表1の通り、個人請負の利用によって、使用者は、多くの責任を逃れることができます。

二〇〇九年の政権交代を経て、二〇一二年、労働契約法による有期雇用規制と労働者派遣法改正が行われました。改正派遣法では、違法派遣の場合などに派遣先による直接雇用申し込み義務を導入し、労働契約法改正では、有期雇用について更新五年での無期雇用転換、濫用的雇い止め規制、不合理な待遇格差禁止が導入されました。これらは、それまでの労働法規制緩和の弊害を減少させることを目的に、使用者に新たな責任を課しました。しかし、個人請負にすれば、このせっかくの労働者のための積極的な法規制も不適用になります。こうした「非雇用」の労務管理では、個人請負とされる者には不利なことばかりです。企業は、直接に雇用してきた労働者を、外部化（アウトソーシング）を名目に個人請負化し、使用者の責任と負担を回避しようとしています。

本来、労働行政には、労働法適用の監督責任があります。しかし、一九八〇年代から、政府・労働行政は、労働法の規制緩和の流れのなかで、実態に基づいた法適用の行政責任を果たしてきたと

【表１】労働者と個人請負で適用される労働・社会関連法の違い

	労働者	個人請負	個人請負が不利な主な事項
労働組合法	○	×	争議行為、団交、協約、不当労働行為救済関連の規定不適用
労働基準法	○	×	労働契約、解雇予告、休業手当、労働時間、有給休暇、残業手当、年少者・女子保護規定など不適用。労働基準監督なし
労働安全衛生法	○	×	労働安全衛生上の保護なし
最低賃金法	○	×	最低賃金保障なし
労働契約法	○	×	濫用的解雇・雇い止め禁止、無期転換なし
賃金支払確保法	○	×	報酬確保の特別手段なし
パートタイム・有期雇用労働法	○	×	均等待遇、均衡待遇保障なし
育児休業法	○	×	育児休業・介護休業なし
労働施策総合推進法	○	×	パワハラ規制（2020年6月施行）不適用
男女雇用均等法	○	×	男女差別禁止規定不適用
厚生年金	○	×	国民年金（1号被保険者）として基礎年金しかなく、年金額、支給条件で大きな格差
健康保険	○	×	国民健康保険では、傷病手当がなく、高い国保保険料の負担
労災保険	○	×	業務災害補償・通勤災害保障なし（一部、特別加入可能）
雇用保険	○	×	失業給付、雇用調整助成金などの適用なし
所得税法（給与所得）	○	×	事業者所得

は言えません。労働行政が労働法をまともに適用して、本来の行政責任を果たすことを強く求める必要があります。もし、行政機関が正しく法適用をしないときには、さらに裁判で争うことができます。しかし、表1が示すように、それぞれの法律ごとに、所管の行政機関に労働者としての扱いを求めることになります。その手続きは複雑で、働く者にとっては時間的・経済的に過重な負担となっています。この点でも、労働者性判定の負担を軽減するための解釈や立法が必要です。

(2) 安倍政権が狙う危険な「雇用によらない働き方」の拡大

安倍政権は、請負・委託による就労を積極的に捉えて、それを労働の近未来の方向として意図的に拡大する政策を展開しようとしています。経済産業省は、二〇一六年一一月、「雇用関係によらない働き方」に関する研究会を立ち上げ、二〇一七年三月、最終報告をまとめました。そこでは、「第四次産業革命」の進展で、①仕事が「企業単位」から「プロジェクト単位」に変化し、②ライフステージに応じて、あるときは企業に雇用され、あるときは雇用関係によらず働く柔軟な働き方を広げることが、長寿命社会で重要となるとし、それで、③女性や高齢者などの労働参画を増やすことができると指摘しています。そして、新たな「オンディマンド経済」では、労働提供者は従来の「従業員」ではなく、専門的で意欲的な「個人労働者」として、インターネットを通じたバーチャルな「ヒューマン・クラウド」に集中することを肯定的に強調しています。

他方、厚生労働省は「働き方の未来二〇三五　一人ひとりが輝くために」(二〇一六年八月)という文書で、自立した個人が自律的に多様なスタイルで働くことが求められるという議論を展開し、二〇年後の二〇三五年には、雇用関係を前提にした伝統的な労働法に代わって、経済取引を前提とした民法（民事ルール）が基礎になるなど、労働者・労働法の「縮小」ないし「消滅」まで展望しています。そして、二〇一七年秋、厚労省は、「雇用類似の働き方」に関連して二つの検討会を立ちあげ、より具体的な検討を進めています。政府は、二〇一八年、「働き方改革」関連法で、雇用対策法の目的条項を「労働者の多様な事情に応じた雇用の安定及び職業生活の充実」に修正しました。これは雇用関連の法と政策の対象を、正規雇用から非正規雇用を含む多様な雇用形態に変える狙いを示したものです。この改正は、非正規雇用をより一層拡大し、さらに個人請負形式での就労、つまり「雇用によらない働き方」をも法政策で積極的に位置づけるという、労働政策を大きく変質させる危険な狙いを含んでいます。

3 国際基準を踏まえた労働者性判断枠組み変更の必要性

(1) 古くなった日本の労働者性判断枠組み

これまで、裁判所は労働者性の判断について、一九八五年労基研報告書の「使用従属性」と「総合的判断」を基本とする解釈手法を原則的には支持してきました。しかし、労働基準法上の労働者性については、これを否定する消極的な判断が目立っています。その代表判例が、横浜南労働基準監督署長（旭紙業）事件の最高裁一九九六年一一月二八日判決です。裁判では、個人請負形式による持ち込みトラック運転手の労働者性が争われました。使用従属性と総合的判断という基本を前提にして、①運転手が、トラックを所有し自己の危険と計算の下に業務に従事していたこと、②会社は業務の遂行に関し特段の指揮監督を行っておらず、時間的・場所的な拘束の程度も一般の従業員と比較してはるかに緩やかであることから、会社の指揮監督の下で労務を提供していたと評価するには足りないとし、③報酬の支払方法、公租公課の負担などについてみても、労働基準法上の労働者に該当しないとしました。

このように労働者性について消極的に判定する裁判例には、（一）時間的・場所的拘束、（二）内勤従業員（正社員）との比較、（三）当事者の合意・諾否の自由を重視すること、（四）使用者側の法令違反については放置するなどの特徴があります。

まず、使用者の直接の監視下になく、時間的拘束や場所的拘束を受けない事業場外労働者について、労働者性を否定する例が目立っています。工務店から委託された仕事に従事していた大工の負傷事件（藤沢労基署長事件・最高裁二〇〇七年六月二八日判決）では、時間管理の点で労働者に裁量性があることが強調されました。判決は、運送物品、運送先及び納入時刻の指示以外には、業務の遂行に関し特段の指揮監督を行っておらず、時間的・場所的な拘束の程度も、一般の従業員と比較してはるかに緩やかであると指摘しています。

次に、労働者性を判断するときに、事業所内で就労する内勤従業員（正社員）を前提に、それとの比較で時間的・場所的拘束が緩やかであるとしている点です。トラック運転手、バイク便運転手などは、内勤の事務担当者と比較して待遇面ではるかに不安定で低賃金です。たしかに、時間的・場所的拘束では緩やかだとしても、運送業務上、労働側に一定の裁量があるのは当然です。その点を過度に重視して労働者性を否定することは、労働者保護という労働法の目的・趣旨に大きく反しており、妥当な判断だとは言えません。

さらに、裁判所のなかには、客観的事実を重視して判断するのではなく、形式的な労働提供の諾否の自由や合意を安易に認める傾向があります。また、「契約当事者双方に利益がある」として、労働・社会保険不適用や税法上、事業所得扱いにする企業側の違法行為や脱法行為を認めない不当な判断事例もあります。

こうした日本の判例傾向は、「事実」を重視して判断するＩＬＯや、企業の不当な使用者責任回避を厳しく規制する欧米諸国とは大きくかけ離れています。

（２）ＩＬＯの二〇〇六年「雇用関係」勧告

ＩＬＯ（国際労働機関）は、世界各国で個人請負形式の非典型の就労が広がる状況のなかで、広く労働者を捉える立場を確認し続けています。とくに、非典型の就労においても、集団的労働関係では、「結社の自由」を広く認めています。また、個別的労働関係でも、契約の形式ではなく、事実（fact）を優先して労働者性を判断する考え方を前面に打ち出していることが特徴です。これらは、欧米諸国の考え方にも反映しています。

ＩＬＯは、通常の雇用に基づく労働関係とは異なる請負や委託による働き方が世界的に広がることについて問題だと考え、二〇〇六年のＩＬＯ総会に向けて議論を行いました。そして、条約にはいたりませんでしたが、「雇用関係に関する勧告（一九八号）」を採択することになりました。この勧告は、現在の「雇用によらない働き方」問題を考える際に、必ず踏まえるべき重要な視点を提示しています。

二〇〇六年勧告は、雇用関係を特徴づける典型的な要素がはっきりしない「曖昧な雇用関係（ambiguous employment relationship）」にある人びとに対する保護が必要となっていること、そのような保護は労働における基本的な原則と権利に関するＩＬＯ宣言（一九九八年）に明示された原則に基づかなければならないとしています。

この二〇〇六年勧告は、「広い労働者概念」を再確認している点が特徴です。同勧告は前文で、次の六点を指摘しています。①法令等による労働者保護の必要性、②「偽装雇用（disguised employment relationship）」慣行の問題性（権利・義務が不分明、雇用関係偽装の試み、法解釈・適用上の限界と雇用関係存在確認の困難、労働者が当然受けるべき保護剥奪）、③「偽装雇用」に対する加盟国の責務（特にぜい弱労働者への有効かつ効果的保護）、④政労使協議による政策の必要性、⑤労働者の国際移動と保護の必要性、⑥問題の社会全体への広がり、です。

勧告は、「Ｉ　雇用関係にある労働者を保護するための国内政策」、「Ⅱ　雇用関係の存在の決定」、「Ⅲ　監視及び実施」の三章で構成され、ⅠとⅡでは、各国の事情に適合して、労働者である者と労働者でない者を区分する基準を法律で定めることなどを求めています。その要点は、①自営業者と労働者を区分する指針の提示、②偽装雇用の克服と労働者保護、③多数当事者契約（間接雇用）において保護責任者を確認する基準の確保、④適切、迅速、簡易、公正、有効な救済制度、⑤紛争解決機関（裁判所、労働監督機関など）関係者への国際労働基準教育実施です。

この雇用関係勧告は、個人請負形式による使用者の法的責任回避に対抗するために、労働法上の保護を受ける労働者の範囲を広げようとしており、後になって登場したプラットフォーム労働者保護にとっても重要な意味があると言えます。

具体的には、次の三つの原則を提示した点に大きな意義があります。

〔1〕事実優先の原則（primacy of the facts）

雇用関係が存在するか否かについての決定は、合意された契約の名称や形式にかかわらず、①業務の遂行と、②労働者の報酬に関する事実（the facts）を第一義的に（primarily）判断することを求めています。つまり、雇用関係の存在は、当事者の合意によって関連法令の適用を排除できないという点で、労働・社会法の強行法規性を確認するものであり、同勧告のなかで最も核心的な内容です。

〔2〕雇用関係存在判定の指標（criteria for identifying an employment relationship）

勧告一三項は、「加盟国は、雇用関係が存在することについての明確な指標を国内法令又は他の方法によって定義する可能性を考慮すべきである」とし、その指標として、表2の多くの事実が含まれ得る、としています。

【表２】雇用関係勧告が示す労働者性判定の指標

(a)	(b)
① 他人の指示と統制により労働が行われること、 ② 労働者が企業組織に統合されていること、 ③ 専らまたは主に、他人の利益のために労働が行われること、 ④ 労働者自身によって（personally）労働が行われること、 ⑤ 契約の相手方が求めた、特定の労働時間または特定の場所で労働が行われること、 ⑥ 特定の期間また一定の期間、継続して労働が行われること、 ⑦（相手方が）労働者に待機（worker's availability）を求めること、 ⑧ 労働を求める相手方が、道具、材料、機械を提供すること、	⑨ 労働者に対する報酬が定期的に支給されていること、 ⑩ この報酬が労働者の唯一の、あるいは主な収入の源泉となっていること、 ⑪ 食事代、住居、交通手段、あるいはそれらのための費用を支払うこと、 ⑫ 週休や年休などの権利が保障されること、 ⑬ 労働を求める相手方が交通費を支払うこと、 ⑭ 労務提供者が財政的危険（financial risk）を負担しないこと

〔3〕「法的推定（legal presumption）」と「みなし（deeming）」

勧告一一項は、一定の労働者性についての指標に該当する場合には、一般的に「法的推定」を与えること、一般的又は特定の部門の特定の労働者については、「みなし」制度も導入できるとしています。

日本政府は、この二〇〇六年勧告の採択には賛成しました。しかし、その後一三年間、この勧告を踏まえた立法措置はもちろん、従来の行政解釈の見直しも行っていません。現在の「雇用関係によらない働き方」論議では、まず第一にこの二〇〇六年勧告の意義を再確認し、それに基づく労働者性判定や積極的労働者保護について具体的検討を行うことが必要です。

(3) ＩＬＯ勧告に基づいた新たな判断基準の必要性

雇用関係の判定については、次の四点を踏まえることが必要です。

①戦後の内外の労働法が前提にし、ＩＬＯ二〇〇六年勧告が再確認した「広い労働者」概念を重視することです。

②ＩＬＯ勧告が示す具体的な判断基準を、契約の形式や名目ではなく、事実を最重視する判断根拠とするべきです。ＩＬＯ勧告が挙げる判断基準の多くは、日本でも従来から指摘されていたものですが、とくに、支配（control）、統合（integration）、従属（dependence）、財政的危険（financial risk）という点が重視されていることに注目すべきです。

③個人請負形式の利用が、労働関連法令が定める使用者責任の違法な回避である可能性が少ないことを前提に、濫用的な個人請負化を排除することが重要です。

④とくに留意する必要があるのは、日本では「内勤の正社員」を労働者の典型モデルとする古い考え方が、労働行政、裁判所などに根強いことです。近年、急速に拡大する「プラットフォーム労働」など、新たに出現してきた就労形態は、こうした古い考え方では対応できません。

(4)「ABCテスト」による法的推定

ILO勧告は、(一)一般的に、労働者性についての一定の指標に該当する場合には、雇用関係を法的に推定する可能性を考慮すべきであるとしています。また、(二)使用者団体と労働者団体との事前の協議を前提に、一般的又は特定部門の特定労働者については、「みなし」制度も導入可能としています。この「みなし制度」は、欧州に多い産業別労組が主体となる全国的労働協約を前提にしています。日本では、企業別労働組合組織が多いのですが、建設業では労使政の協議が発展していますので、欧州のような労使協定で「みなし制度」を導入する可能性があると思います。

さらに、ILO勧告のなかで、日本の行政や裁判所の法解釈に取り入れる可能性が高いのは、(一)の法的推定の考え方です。つまり、個人請負形式で働いていても、一定の指標を満たす場合には、原則として雇用関係があり、労働者であると「推定」するのです。

この「法的推定」という考え方を具体化して注目されたのが、アメリカ・カリフォルニア州の最高裁判所が、二〇一八年四月、ダイナメクス事件で下した判決です。アメリカ全土で事業を展開していた当日配送サービスのダイナメクス社は、労働者（employee）として働いていた配達業務の従業員を、二〇〇四年、すべて請負契約による独立契約者（indipendent contractor）に転換しました。これによって、会社は、労働者について課せられた責任（納税、労働法適用、社会保障の会社負担）を負う義務から逃れることになりました。これに対して従業員たちが、二〇〇五年、集団訴訟を提起した事件です。

最高裁は、先例を変更して、従業員をひとまず労働者と推定し、会社が三つのテスト（ABCテスト）によって、従業員が労働者でなく独立契約者であることを立証しなければならないという原則を示したのです。つまり、このABCテストとは、（A）労働提供者が、会社による支配や指揮命令から自由であること（free from control and direction by the hiring company）、（B）労働提供者が、会社の通常の業務過程とは別に仕事を完成すること（perform work outside the usual course of business of the hiring entity）、（C）労働提供者が、取引、職業または業務において独立していること（independently established in that trade, occupation, or business）の三つです。この三つをすべてパスできなければ、会社が形式的に請負契約による「独立契約者（indipendent contractor）」としていても「労働者（employee）」と判定されることになります。

そして、この最高裁判決は、二〇一九年九月のカリフォルニア州議会で成立した州法（AB5法＝Assembly Bill No.5）にそのまま取り入れられ、二〇二〇年一月から施行されることになりました。これによって、ウーバーなどのプラットフォーム企業を通じて働く者など、多くの職種で請負形式の独立契約者が労働者として保護されることになりました。アメリカは、労働法が整備されていませんが、それでも最低賃金、労働時間、社会保障など、多くの権利を行使することができることになりました。

このＡＢＣテストによる立証責任の転換は、日本の労働者性判定をめぐる裁判所の法解釈にも取り入れるべき考え方だと思います。つまり、従来、労働法適用を受ける労働者であるか否か（労働者性）については、労働側に立証責任が課せられていましたが、この責任負担を逆転して使用者が「独立契約者であること」を立証しなければ、「法的推定」によって、労働者と判定されることにするのです。さらに、個別事例をめぐる裁判だけでなく、より一般的にＡＢ５法と同様な法律制定で、使用者責任逃れの脱法行為を許さないことが必要だと思います。

4　プラットフォーム労働拡大と法規制の動向

近年、世界中でインターネットを通じた、多様な就業をめぐる新動向が現れています。サービスを提供する就労者（生産者）と、消費者を直接的に媒介して中間の利益を得る、プラットフォーム・ビジネスと呼ばれる事業モデルです。オンライン技術の普遍化に伴い、その規模が急速に拡大して、オンライン・ウェブやスマートフォン・アプリを利用したプラットフォームで、サービス提供（＝労働）が取引される形式です。

しかし、この「プラットフォーム労働」は、消費者の需要があるときにだけ労働が行われ、「オンディマンド労働（on-demand work）」または「ギグ労働（gig work）」と呼ばれ、低賃金、長時間など劣悪な労働環境が問題となっています。

とくに、仲介システムである「クラウド・ソーシング」の仲介を通じて、委託者からの業務を不特定多数受託者によって実行される労働方式である「クラウド労働（crowd work）」と結びついています。典型例として、アマゾン（Amazon）の翻訳サイトや、配車サービスのウーバー（Uber）が知られています。これらのプラットフォームを通じて、オンラインで募集された、場合によっては「世界中」の「労働力」が臨時・短期の「業務」を、超廉価な報酬で担当して実行する方式です。

これらは、「ギグ労働者」「プラット・フォーマー」など、名称はまだ統一されていませんが、ほとんどが雇用契約でなく個人請負や委託などの契約形式による就労形態という点で共通しています。なかには、働き手が企業と直接に請負契約を結ぶ場合もありますが、複数の働き手が協同して企業から受注する場合など多様な形態があります。いずれにしても、特定使用者（企業）の指揮命令を受けて「労働者」として働く「雇用関係」とは大きく異なっています。

欧米諸国では、こうしたディジタル・プラットフォームによる新たな働き方について、労働組合や研究者などが調査、検討、論議を行っています。そこから明らかになってきたプラットフォーム労働には、一般的に、次のような問題点があることが指摘されています。

①働かせる「使用者」が「プラットフォーム運営主体」であるのか、サービスを利用した「顧

客」なのかが曖昧にされていること、
②不特定多数の労務提供者は、働き方や労働条件について共通した悩みや問題点を含めて、相互の意思疎通や連絡・連携などがきわめて困難であること、
③該当業務を遂行する労働者が「個人請負業者」とされ、自己責任を負わされる「自営業者」と位置づけられていること、
④労働法などで保護される「労働者」と認められず、法的に保障された権利がないこと、
⑤関連する多くの情報がプラットフォーム運営者に独占され、働く人は自由や独立した働き方という宣伝とは逆に、実際には、個々に孤立して過酷な労働と余裕のない生活に追いやられる実態があることです

欧米諸国では、多くの問題をかかえるプラットフォーム労働に対して、労働組合や市民団体が、ウーバー社などプラットフォーム事業者を相手に労働者性をめぐる争いを提起しています。そして、自治体だけでなく、国レベルでも、その労働者性を認める判断が出され、条例や法律での規制が広がってきました（表3参照）。

【表３】プラットフォーム労働をめぐる各国の主な法規制・訴訟の動向

国	紛争の内容	法律・判定などの主な結果
アメリカ	ウーバー運転者（2015.3）	ニューヨーク州労働行政審判官、失業保険資格認定など
	ウーバー、リフト運転者（2015.12）	シアトル市議会、労組結成・加入を認める条例制定
	ウーバー運転者紛争（2016.4）（アメリカの５都市）	カリフォルニア労働委員会、ウーバー運転者の労働者判定
	リフト紛争（2016.6）	車両維持費、約款改正など当事者間合意
	ダイナメクス訴訟（2018.4）	カリフォルニア州最高裁
	AB ５法（2019.9）	カリフォルニア州議会で成立
フランス	プラットフォーム労働法（2016.8）	「労働、社会的対話の現代化、職業の安定化に関する法律」成立。プラットフォームを利用する労務提供者の労働三権追加
イギリス	ウーバー運転者紛争（2016.7）	ロンドン雇用審判所、労働者性を認め、最低賃金、有給休暇の権利を認める

5　運動の課題

（1）国際基準を踏まえる労働政策へ根本的転換を

現在、政府が進めている「雇用によらない働き方」を追認・拡大する議論は、労働者ゼロ、全労働者の自営業者化までを展望する、きわめて乱暴かつ粗雑なものです。これでは、濫用的な個人請負形式利用による、多くの現実的問題状況を反映した議論が見られず、使用者の責任回避による弊害を排除することができません。

まず第一に政府には、憲法に基づき労働者の人権を実現する基本的責務があります。一九八〇年代以降の政府が進めてきた労働法規制緩和政策は、こうした基本的責務に大きく反するものでした。その結果、生み出された深刻な労働法の形骸化という現実を踏まえることが必要です。

「雇用によらない働き方」の本質は、労働関連法令が定める責任を負わずに労働力を脱法的に利用する使用者の責任逃れです。政府に求められるのは、こうした使用者責任の回避という企業の横暴な労務管理を許さず、労働法を本来の趣旨で確実に運用することです。偽装的個人請負は、人間らしく働き生活できる就労ではありません。政府は、人間らしい労働と生活を保障する責務を自覚して、実態を踏まえて、すべての働く人を保護する労働政策に立ち戻らなければなりません。

第二に、ＩＬＯや各国の動向を踏まえることが必要です。ＩＬＯは、人間らしい労働（Decent Work）の実現を目標にかかげ、その対象を広く捉えて保護を拡大する姿勢を示しています。工場や事務所で働く雇用関係にある労働者だけの保護に狭く限定していません。とくに、二〇〇六年雇用関係勧告では、契約の名目ではなく、事実を踏まえた雇用関係の把握を求めており、また、在宅労働、家事労働など個人請負形式が多い就労者の保護を目的とする条約を採択しています。最近では、二〇一九年総会で採択されたハラスメント条約で、狭い職場だけではなく、広く「仕事の世界」で生じた問題にまで保護を拡大しました。

第三に、最近、広がってきたプラットフォーム労働について、各国で新たな法規制の動向が生まれています。世界の動向は、個人請負形式の労働者であっても、集団的労働関係法（労働組合法など）では「労働者性」を広く認めています。フランスは立法化までしていますが、他の欧州諸国でも、個人請負業者についてその団結権・団体行動権を排除していません。プラットフォーム労働についても、その組織化を保障することが必要であるとする点で、異論は少ないと思います。

ところが、日本政府の「雇用によらない働き方」をめぐる議論では、フリーランスやプラットフォーム労働者の団結活動や、使用者団体との団体交渉や協約締結など、集団的労働関係での活動を保障するという議論は見られません。個人請負形式の労働者の場合、労働組合を結成して集団的にみずからの要求を示し、使用者（団体）と話し合うことが不可欠です。そのために労働者権実現の自主的活動を助長する法規制が重要です。

そして第四に、「雇用によらない働き方」との関連で、ＩＬＯは、二〇〇六年勧告を採択する前に、一九九六年「在宅形態の労働条約」（第一七七号）を採択していることが注目されます。この条約は、「家内労働者（home worker）」について、「自宅等で使用者等から依頼された有償の作業を使用者のために行う在宅形態の労働者」について、「賃金労働者と平等な待遇を促進することを目的」とし、手厚い保護を定めています。この条約の批准が最優先課題です。

（2）日本政府の国際動向に反する立法政策

日本政府のこれまでの労働法政策は、ＩＬＯなどの国際動向に反するもので、厳しく批判されなければなりません。

一九七〇年、家内労働法が制定されました。請負契約で就労する家内労働者が労災に遭《あ》って亡くなるなど、保護が遅れていたことが社会問題になるなかで成立した法律です。しかし、労働基準法適用をしないまま、労災補償の規定もなく労災保険の特別加入を認めるだけの貧弱な保護でした。法施行後も、家内労働者数さえ把握せず、特別加入もきわめて少数です。ＩＬＯが一九九六年「在宅形態の労働条約」（第一七七号）を採択して家内労働者に対する手厚い保護を内容とする国際基準を示しましたが、日本は、二四年間、この条約批准を検討さえしていません。政府は「雇用によらない働き方」をめぐる議論をしていますが、このＩＬＯ条約批准の検討を最優先に行うべきです。

さらに、政府は一九八六年、「高年齢者雇用安定法」（以下、高年法）制定によって「シルバー人材センター」による高齢者就労事業を制度化しました。定年退職者など六五歳以上が対象ですが、センターを通じて就労する高齢者は労働法上の「労働者」として扱われません。公的年金を受けながらの「生きがい就労」だからというのがその理由です。しかし、多くは不十分な年金額のために働かざるを得ない高齢者を、企業が低賃金労働力として受け入れる例が多いのが実情です。実際に危険業務に従事して労働災害に遭う高齢者も少なくありません。政府自身が、高齢者について労働者の保護を手厚くするのでなく、労働安全衛生法の適用がないまま、企業による使用者責任回避を助長してきたのです。

ところが、二〇二〇年の国会で三月末に成立した改正高年法は、来年四月以降、七〇歳までの高齢者についてその就業を企業の努力義務としました。しかし、その就業には「業務委託」も含まれるとしたのです。これでは、無権利な「雇用によらない働き方」を、高齢者を「突破口」に拡大する危険な狙いをもつ法改悪としか言えません。

（3）集団的労働関係の重要性

〔1〕韓国の特殊雇用（個人請負）

韓国は、独裁政権時代には労働組合は企業別組織でなければならず、しかも一企業に一組合が強制されました。労働組合が同一企業の従業員だけに限定され、企業意識を強いられて御用組合化することが意図されていたのです。これはＩＬＯが求める「結社の自由」に反しており、対等な労使による集団的労働関係とは言えませんでした。

韓国の民主労組運動は、独裁政権時代の悪法に対抗して自主的な組合を結成したたかい、企業別組織の限界を強く意識して産業別組織化を追求してきました。とくに、一九九八年の経済危機によって大企業を含むリストラの嵐が吹き荒れるなかで、正社員中心の労組では、非正規職（契約職）を優先して解雇する、企業側による労働者分断攻撃を跳ね返すことができないという苦い経験をさせられました。

経済危機を経て、企業・資本の側は、非正規職、社内下請、個人請負など、多様な就労形態を導入して労働者分断をはかる政策を進めました。これに対して、労働側では、非正規職を含めて全労働者を代表できる労働組合が必要だという議論が高まりました。そして、二〇〇〇年代に入って、民主労総を中心に、企業別組織の克服＝産業別組織への転換という自己改革路線を意識的に追求することになったのです。

とくに、二〇〇〇年代前半には大企業など製造業のベルトコンベア作業に、企業一〇〇％出資の「社内下請」が導入されました。また、運送、建設、サービス業では、「個人請負」の形式による就労形態が、トラック運転手、レミコン運転手、学習誌教師、ゴルフ競技補助員などの職種で広がりました。これらは、従来、企業が労働者として直接雇用して、その労働力を利用していたものでしたが、人件費削減と、容易にリストラできることから、使用者責任の回避を目的に拡大した就労形態でした。

こうした請負形式の就労拡大に対して、韓国の行政や裁判所は、事実や実態を重視した労働者判定にはきわめて後ろ向きで、契約や合意を過度に重く考える態度を示しました。その結果、請負契約による就労者は、労働法上の保護を受けることなく不安定で劣悪な労働条件の下で働くことになったのです。

状況打開のために、請負契約による就労者たちは、みずからが「労働者」であることを主張して、トラック運転手、学習誌教師、ゴルフ競技補助員ら自身の労働組合を結成して、使用者や使用者団体を相手に団体交渉を求め、さらにはストライキを含む、果敢な取り組みを展開しました。困難なたたかいの経過を経て、次第に「特殊雇用従事者」、「特殊雇用」などと呼ばれ、社会的にも認知されて、徐々にその法的地位を向上させてきました。そして、国家人権委員会は、二〇一七年五月の大統領選挙直前に、特殊雇用従事者に団結権を保障することを政府と国会に求める勧告を発表しました。当選した文在寅《ムン・ジェイン》大統領は、選挙公約で特殊雇用従事者の団結権を認め、労働法の適用を拡大することを約束し、現在、その公約実現が求められています。

(2) ブラック職場を克服してきた韓国・映画産業労組

韓国では、産業別労働組合の運動が進み、産業単位のすべての労働者を代表する活動をしています。こうした産別労組によって、個人請負形式で働く人の権利も、産業別協定によって大きく改善している点が注目されます。最近、映画「パラサイト　半地下の家族」のアカデミー賞受賞で注目される韓国映画では、ポン・ジュノ監督が、撮影現場の労働環境の大きな改善を肯定的に紹介しました。以下、個人請負を中心に韓国映画産業の最近の動向を見ておきます。

映画製作の特殊上、企画ごとに多くの職種が集まっていますが、雇用によって働く場合が少なく、映画撮影従事者は、個人請負・業務委託契約（韓国では「用役」という表現もされる）による働き方が一般的です。これは「雇用によらない働き方」で、勤労基準法、産業安全衛生法、最低賃金法などの労働法令が適用されず、四大保険（産災〔＝労災〕保険、雇用保険、健康保険、国民年金保険）への加入もありませんでした。映画撮影現場では、頻繁に徹夜が続き、長時間労働が当然となっており、重層的な契約関係で末端では撮影後に賃金が不払いとなることも少なくないなど、勤労基準法を守らないというブラックな労働慣行が一般化していたのです。

二〇〇五年一二月、産業別組織として設立された全国映画産業労働組合が、地道に賃金不払いの相談を受けて、個別の改善の取り組みを積み重ね、社会的に問題提起しました。そして、韓国映画が国際的に注目されるなかで、すべての映画関係者が、あまりにも後進的な韓国映画製作のあり方、スタッフの働き方の改善の必要性を感じ始めました。そして、二〇一四年一〇月に開催された「労使政履行協議会」には、①産別労組（全国映画産業労働組合）、②おもな投資会社、③製作会社（韓国映画プロデューサー組合など）、④政府機関（映画振興委員会、国会教育文化体育観光委員会）が協約当事者として参加しました。

これらの関係当事者は、協議会を経て、〔1〕投資・製作にあたって、四大保険および標準契約書の義務適用、〔2〕すべての職務の賃金・勤労条件に「勤労標準契約書」遵守・適用、〔3〕映画産業標準賃金ガイドライン適用、〔4〕賃金未払製作会社・関連者に対する投資、配給、上映禁止などを内容とする協約を結んだのです。この「勤労標準契約書」では、「現行勤労基準法に従う」と明示しています。そして製作会社は、現場で働く者について、①その「勤労者性（＝労働者性）」を認めること、②勤労基準法による労働時間の制限を守ること、③四大保険に加入すること、④延長手当（＝時間外労働手当）を支払うこと、などが明文で示されています。二〇一九年現在、劇場で封切りされる商業映画全体のうち九五％ほどが「勤労契約書」を作成しているということです（全国映画産業労組調べ）。

このように、韓国では以前からの企業別組合では限界があるとして、産別労組、産別交渉を重視する傾向が強くなり、労使の仲介者として政府関係機関が加わって「労使政協約」を結ぶことが増えています。こうした集団的労働慣行は欧州諸国のそれに近いと言えるもので、韓国の労使関係が、労組を企業内に閉じこめる独裁政権時代の状況から大きく脱しつつあることを示しています。

さらに、「勤労標準契約書」が普及し、勤労基準法に基づく雇用慣行が広く定着するなかで、保守的であった韓国の裁判所が従来の判断を修正したのです。大法院（＝最高裁）が、二〇一九年一〇月一八日、映画関係の請負形式の就労者について勤労基準法上の労働者であることを認める判決を下しました。大法院は、賃金を支払わなかった映画製作社代表の勤労基準法違反の罰則適用をめぐる事件で、「映画スタッフは勤労基準法上の勤労者である」ことを前提に代表側の上告を棄却したのです。

韓国では、個人請負形式で働く就労者自身の集団的労働関係が発展するなかで、裁判所が、労働者性判定の考え方を大きく変更したのです。こうした韓国の動向は、類似した法制度、労働関係がある日本にとっても、問題を正しく解決する方向として、大きなヒントを与えていると思います。

〔3〕すべての労働者を代表する団結で問題解決へ

使用者が労働法上の責任を回避する労働力利用は、世界各国に見られます。長期雇用のフルタイム労働という標準的な労働関係とは異なる働かせ方ですが、ＩＬＯやＥＵ諸国では、それを例外的なものとし、労働法の保護を受けない差別的な雇用をなくそうとしてきました。ＩＬＯは「ディーセント・ワーク（Decent Work）」を推進することを、二一世紀のＩＬＯの役割と位置づけています。このディーセント・ワークは、「働きがいのある人間らしい仕事」を意味しており、権利、社会保障、社会対話が確保され、自由と平等、生活の安定が保障される、人間としての尊厳を保てる生産的な仕事を意味します。この仕事は、標準的な労働関係による狭い意味での雇用労働だけでなく、新たなプラットフォーム労働や在宅労働、家事労働を含む広い範囲で捉えられるものです。

とくに、重要なことは、ＩＬＯが、条約・勧告や各種文書では、欧州諸国の産業別労働組合を典型とする集団的な労使団体を社会対話の主体としていることです。ＩＬＯは、最も代表的な労働組合と使用者団体による社会対話を重視していますが、これは全労働者を代表する労働組合が、組合員以外にも拡張適用する欧州型の協約活動を重視するものです。

それに対して、日本の労働法と労働組合は、従業員と使用者（企業）の間の企業内での労働関係の範囲でのみ機能するという点で、世界的にはきわめて例外的な状況にあります。とくに、労働組合が、同じ使用者に所属する従業員だけで組織される企業別組織である点で、日本は世界でも例外的な国です。日本の影響を受けた韓国の労働組合も、ほとんどが企業別組織でしたが、現在では、欧州型の産業別組織への転換を進めています。

企業別労組であっても総評の時代は、官公労組を中心に「戦闘的労働組合主義」が残っていて、地域オルグや合同労組結成によって未組織労働者を組織する方針がありました。しかし、一九八〇年代以降、規制緩和政策の結果、非正規雇用労働者が増えるなかで、労働者の分断が進みました。非正規雇用労働者を組合に組織しないまま、労働組合の多くは企業別組織から、企業別正社員組織に転落しました。とくに、同じ職場で正社員と混在して同じように働いても、別会社に所属することから、派遣労働者や偽装請負を含む事業場内下請労働者を組織する企業別労働組合は、ほとんどありませんでした。企業側は、労働組合からの抵抗を受けないまま、労働力のアウトソーシング（派遣や下請け化）を推進することができました。本書で問題にする、個人請負形式の労働は、経済的にはアウトソーシングの究極形態です。

日本では、労働行政や労働裁判で、非正規雇用の処遇差別が、労働基準法などの法令違反とならないとする法解釈が行われてきました。派遣や事業場内下請であれば、所属する使用者が異なるので、同一労働差別待遇であっても、均等待遇規定は適用されないとされたのです。これに対して、ＥＵは、パート、有期、派遣の三つの非典型労働について、それぞれ非差別を明示するＥＵ指針を定めました。そして、二〇〇〇年代になって、各国は、この指針に基づいて「非差別」を法律で定めることになりました。同じ職場で同じ仕事をしても、非正規雇用は正社員よりも待遇に格差があることを公然と認める日本の労働法は、世界的に異常なものとなったのです。

このように非正規雇用についても均等待遇を求める考え方が国際的に広がってくるなかで、日本も二〇一二年の労働契約法改正で有期雇用について不合理な労働条件格差を禁止し、二〇二〇年四月からはパート、有期、派遣についても、不十分ながらも均等待遇を定めた法改正が施行されることになりました（中小企業は二〇二一年四月施行）。しかし、日本政府が並行して提起する「雇用によらない働き方」の議論は、こうした非正規雇用について、せっかく、均等待遇を保障する法規制が導入されたのに、こうした法規制の適用を受けず、使用者が均等待遇の責任を回避できる就労形態を拡大しようとするものです。

日本の労働組合に求められるのは、広く労働者を捉えて、その労働者全体を代表して活動し、交渉し、場合よっては争議行為でたたかうことです。企業別の正社員だけの組織に止まることはもはや許されないことです。労働組合には、労働者全体を代表する役割が強く求められています。労働組合は、産業、職種、地域、職場のそれぞれに属するすべての労働者を幅広く代表する組織でなければなりません。

使用者による責任回避の狡猾な仕組み、労働者を分断する邪悪な狙いをしっかり見抜いて、非正規雇用、間接雇用の労働者、さらに個人請負形式での就労者も、広く「働く仲間」として考える必要があります。その雇用安定と、権利、利益の実現のために、本来の労働組合の「労働者全体代表性」に基づく団結活動を積極的に展開することが必要です。

日本国憲法は、雇用が安定して恵まれた待遇の正社員だけに団結権を保障したわけではありません。雇用が不安定で最も恵まれない劣悪待遇で搾取的被害を受けている労働者、就労者など、すべての働く人を代表して活動することを期待しているのです。個人請負を契約形式にとらわれて狭く捉えていては、この複雑で厄介な問題の解決はできません。労働者が広く団結して、その集団的活動を通じて初めて、問題の正しく根本的な解決に通ずる道を切り開くことができるのです。

【巻末資料】ＩＬＯ「雇用関係に関する勧告（第一九八号）」より

Ｉ　雇用関係にある労働者を保護するための国内政策（抄）

４　国内政策は、少なくとも次の措置を含むべきである。

（a）雇用関係の存在についての効果的な確定及び被用者と自営業者との間の区別に関する指針を関係者、特に使用者及び労働者に対して提供すること。

（b）偽装された雇用関係は使用者がある者を被用者としての真正な法的地位を隠す方法により被用者ではない者として扱う場合に生じること、及びその状況は契約上の取決めが労働者に当然に与えられるべき保護を奪う影響を持つ場合に生じ得ることに留意して、他の関係（例えば、真正な法的地位を隠す他の形式による契約上の取決めの使用を含む。）により偽装された雇用関係に対処すること。

（c）雇用されている労働者が当該労働者に当然に与えられるべき保護を受けられるようにするため、あらゆる形式の契約上の取決め（複数の当事者に関するものを含む。）に適用し得る基準を確保すること。

（d）あらゆる形式の契約上の取決めに適用し得る基準は、契約に含まれる保護に責任を有する者を確定するものとなるようにすること。

（e）関係者、特に使用者及び労働者に対し、雇用関係の存在及び条件に関する紛争を解決するための適当な、迅速な、安価な、公正な、かつ、効率的な手続及び仕組みの効果的な利用の機会を提供すること。

（f）雇用関係に関する法令の遵守及び効果的な適用を確保すること。

（g）裁判官、仲裁者、仲介者、労働監督官並びに紛争解決及び国内における雇用に関する法律及び基準の取扱いに責任を有する他の者に対し、関連する国際労働基準、比較法及び判例法について適切かつ十分な訓練を提供すること。

Ⅱ　雇用関係の存在の決定

9　雇用関係にある労働者を保護するための国内政策を実施する上で、当該雇用関係の存在についての決定は、当該雇用関係が関係当事者間で合意された契約その他の方法による事実に反した取決めにおいてどのように特徴付けられている場合であっても、業務の遂行及び労働者の報酬に関する事実に第一義的に従うべきである。

10　加盟国は、雇用関係の存在についての決定に関し、労働者及び使用者の指針となる明確な方法を促進すべきである。

11　加盟国は、雇用関係の存在についての決定を容易にするため、この勧告に規定する国内政策の枠組みにおいて、次の可能性を考慮すべきである。

（a）雇用関係の存在を決定するための広範な手段を認めること。

（b）一又はそれ以上の関連する指標が存在する場合には、雇用関係が存在するという法的な推定を与えること。

（c）最も代表的な使用者団体及び労働者団体との事前の協議の後、一般的又は特定の部門において特定の特性を有する労働者を被用者又は自営業者のいずれかであるとみなすことを決定すること。

12　加盟国は、この勧告に規定する国内政策のため、雇用関係の存在を決定するために適用される条件（例えば、従属又は依存）を明確に定義することを考慮することができる。

13　加盟国は、雇用関係が存在することについての明確な指標を国内法令又は他の方法によって定義する可能性を考慮すべきである。これらの指標には、次の事実が含まれ得る。

（a）仕事が他の当事者の指示及び管理の下で行われていること、仕事が事業体組織への労働者の統合を含むものであること、仕事が他の者の利益のために専ら若しくは主として遂行されていること、仕事が労働者自身で行われなければならないものであること、仕事がこれを依頼する当事者が指定若しくは同意した具体的な労働時間内若しくは職場で行われていること、仕事が特定の存続期間及び一定の継続性を有したものであること、仕事が労働者に対して就労可能な状況にあることを要求するものであること、又は仕事がこれを依頼する当事者による道具、材料及び機械の提供を含むものであること。

（b）労働者に対する定期的な報酬の支払があること、当該報酬が労働者の唯一若しくは主な収入源となっていること、食糧、宿泊及び輸送等の現物による供与があること、週休及び年次休暇等についての権利が認められていること、労働者が仕事を遂行するために行う出張に対して当該仕事を依頼する当事者による支払があること、又は労働者にとって金銭上の危険がないこと。

14　雇用関係の存在及び条件に関する紛争の解決は、国内法及び国内慣行に従って労働者と使用者が効果的に利用できる労働裁判所その他の裁判所又は仲裁機関の権限に属するものとすべきである。

15　権限のある機関は、雇用関係に関する法令の尊重と実施を確保するため、例えば、労働監督機関により、又は労働監督機関と社会保障庁及び税務当局との協力を通じ、この勧告において考慮される様々な側面についての措置をとるべきである。

16　国内の労働機関及びその関連機関は、雇用関係について、これらの機関の実施計画及び手続を定期的に監視し、女性の労働者の占める割合が高い職業及び部門には特別の注意を払うべきである。

17　加盟国は、この勧告に規定する国内政策の一部として、雇用関係を偽装する動機を取り除くことを目的とする効果的な措置を発展させるべきである。

18　加盟国は、国内政策の一部として、特に、国の段階における雇用関係の範囲に関する問題の解決を見いだすための方法としての団体交渉及び社会的対話の役割を促進すべきである。

Ⅲ　監視及び実施　および　Ⅳ　最終条項　（略）

【編著者紹介】

脇田　滋（わきた・しげる）

1948年大阪市生まれ。

龍谷大学名誉教授（労働法・社会保障法）

「非正規労働者の権利実現全国会議」共同代表

「NPO 法人働き方 ASU-NET」共同代表

［著書］

『ワークルール・エグゼンプション』（編著、学習の友社、2011年）

『常態化する失業と労働・社会保障』（共編著、日本評論社、2014年）

『アクチュアル労働法』（共編著、法律文化社、2014年）

『劣化する雇用』（共編著、旬報社、2016年）

『雇用社会の危機と労働・社会保障の展望』（共著、日本評論社、2017年）

『韓国労働法の展開』（共著、旬報社、2019年）　など多数

［ホームページ］

「NPO 法人働き方 ASU-NET」の HP（https://hatarakikata.net/）に「脇田滋の連続エッセイ」掲載中（https://hatarakikata.net/category/wakita/）

ディスガイズド・エンプロイメント——名ばかり個人事業主

2020年７月10日　初版　　定価はカバーに表示

脇田 滋　編著

発行所　学習の友社

〒113-0034　東京都文京区湯島2-4-4

TEL03（5842）5641　FAX03（5842）5645

振替　00100-6-179157

印刷所　光陽メディア

ISBN978-4-7617-0718-7　C0036